Antworten bauen Brücken

Wenn das Wort es nicht kann, über welche Brücken können wir dann vertrauensvoll gehen? Antworten geben die Autorinnen und Autoren sowie Malerinnen. Wir bauen Brücken, orientieren und sind Wegweiser.

[handschriftliche Widmung: für Katharina von Franke im Nov. 96]

Anthologie

Herausgeberin: Waltraud Weiß

wort und mensch
VERLAG
Waltraud Weiß
Ingendorfer Weg 71
50829 Köln
Telefon 0221-50 30 12

Die deutsche Bibliothek - CIP-Einheitsaufnahme
Antworten bauen Brücken * Anthologie

wort und mensch
VERLAG
Waltraud Weiß
Ingendorfer Weg 71
50829 Köln
Telefon 0221-50 30 12

Original-Ausgabe - 1. Auflage - 1996

Redaktion: Inge Raubach

Titelblatt: Margarethe Wohlfarth, Leverkusen

Druck: Winddruck-Kollektiv Siegen

ISBN 3-9802860-4-5

Vorwort
zu
Antworten bauen Brücken

Antworten bauen Brücken, jedes Wort ist ein Stein, ein Satz ist eine Fuge, ein Gedicht, eine Geschichte ist ein Fundament. Der Dichter/die Dichterin ist Bauherr/ Bauherrin und Architekt/Architektin zugleich. Denken wir an die Brücke von Mostar. Worte können auch kriegerisch sein und zerstören. Eine wunderbare Welt, eine alte, schöne Brücke kann zerfallen UND kann architektonisch-wortbestimmte und beispielhafte Ewigkeit werden. Wenn das Wort es nicht kann, über welche Brücken können wir dann gehen? Antworten geben die Autorinnen/Autoren sowie Malerinnen dieses Buches. Wir bauen zusammen eine Brücke, orientieren die LeserInnen und sind gleichzeitig Wegweiser! Sprachlosigkeit würde die Brücke zum Einstürzen bringen.

Wenn das Wort ein Stein ist, so ist der verbindende Zement oder Mörtel das, was der Mensch braucht, um Stein für Stein zusammenzusetzen, Wort für Wort glaubhaft zu machen: Hoffnung und Träume zu haben, Leben und Lebenslust, Mut und Zärtlichkeit, Quellen, Schatten und Freiheit, Verrücktheit, Verliebtheit und Liebe und - Glauben und Vertrauen UND Kreativität.

Das alles bieten die Schöpferinnen und Schöpfer dieser Gedanken aus glaubhaften Steinen, hoffendem Zement, zärtlichem Mörtel und facettenreich-geschliffener, sinnlicher Wort-Architektur. Und die Brücke hält, was sie verspricht, denn ihre Statik ist das liebende Verstehen. Und jeder kann mitmachen am Bau dieser Brücke.

Worte sind die Flügel der Schutzengel.

Waltraud Weiß
Herausgeberin

Hommage an Else Lasker-Schüler

Gebet

Ich suche allerlanden eine Stadt,
Die einen Engel vor der Pforte hat.
Ich trage seinen großen Flügel
Gebrochen schwer am Schulterblatt
Und in der Stirne seinen Stern als Siegel.

Und wandle immer in die Nacht...
Ich habe Liebe in die Welt gebracht -
Daß blau zu blühen jedes Herz vermag,
Und hab ein Leben müde mich gewacht,
In Gott gehüllt den dunklen Atemschlag.

O Gott, schließ um mich deinen Mantel fest;
Ich weiß, ich bin im Kugelglas der Rest,
Und wenn der letzte Mensch die Welt vergießt,
Du mich nicht wieder aus der Allmacht läßt
Und sich ein neuer Erdball um mich schließt.

Isolde Ahr

Mit meiner Feder

Mit meiner Feder
kann ich laufen,
mit ihr komm ich
auf jeden Berg.

Schau dann ins Tal,
seh all die Farben
und bin nicht mehr
der lahme Zwerg.

Leicht steig ich
auf den höchsten Turm
und geh den schmalen Weg.
Selbst den,
den du nicht nehmen kannst,
mich trägt der schwächste Steg.

Es gibt mir
meine Feder Flügel,
die Phantasie
kennt Grenzen nicht.
Ich seh in jedes
dunkle Fenster,
denn meine Feder
ist das Licht.

Trau dich, Frau!

Wenn NEIN du meinst,
dann sag es auch.
Trau dich, Frau!

Wenn JA du sagst,
dann mein es auch.
Trau dich, Frau!

Sagst du VIELLEICHT,
dann laß dir Zeit.
Trau dich, Frau!

Tu, was DU willst,
nicht nur vielleicht.
Trau dich, Frau!

Friederike Amort

Brückenschlag

Schlage
verbindende Brücken
mit ehrlichen Worten,
mit öffnenden Gesten
und klaren Blicken.

Lebenslust

Keine Hemmschuhe
an den Füßen
keine Fesseln
an den Händen
keinen Maulkorb
vor dem Mund
keine Last
auf der Seele
keine gebrochenen Flügel

... brauche ich
um mit der Lust
des Lebens
zu fliegen.

Alexandra Arweiler

An der Steilküste

Es war nicht möglich, mit dem Auto bis zur Steilküste vorzufahren. Sigrid mußte ein Stück zu Fuß gehen. Sie blieb bei jedem Schritt mit den Absätzen im sandigen Boden stecken.

Rauhe Gegend hier. Nichts als struppiges Gras und Wind. Bernd hatte Recht, Anja mußte übergeschnappt sein. Sie sitzt da von Sonnenaufgang bis Sonnenuntergang, hatte Bernd erzählt. Unglaublich. Sigrid wollte sich das selbst ansehen, und natürlich hatte sie die Hoffnung, Anja irgendwie zur Vernunft zu bringen. Als erstes sah sie das Zelt, ein winziges Ein-Personen-Zelt, vom Wind geschüttelt. Dann sah sie Anja. Sie saß tatsächlich direkt am Abgrund und war umgeben vom irrsinnigen Gekreisch irgendwelcher Vögel. Die Haare völlig aufgelöst, ein weites Kleid, alles flatterte im Wind. Wie eine Windbraut oder eine Sturmhexe, dachte Sigrid. „Anja!" rief sie und bemühte sich, gegen den Wind und die Vögel anzuschreien.

Anja lächelte und winkte sie zu sich.

Die Grasnarbe fiel schräg ab an dieser Stelle. Man blickte direkt die schroffe Felswand hinunter ins Meer. Sigrid setzte sich ganz vorsichtig. Man konnte ja nicht wissen, wie lange die Graskante noch hielt. Hier wird früher oder später alles vom Wind geholt, dachte sie.

„Wie geht es dir?", fragte Anja.

„Na, wie soll es mir schon gehen?" fragte sie zurück. „Wie immer natürlich. Aber was ist mir dir? Was machst du hier bloß?"

„Ich sitze hier", sagte Anja.

„Aber du kannst hier doch nicht einfach wochenlang herumsitzen". Sigrid schlug unwillkürlich einen vorwurfsvollen Ton an. „Was ist mit deiner Arbeit, was mit Bernd? Wie stellst du dir das vor? Du kannst doch nicht einfach alles stehen und liegen lassen und dich hier hinsetzen."

Anja antwortete nicht. Sie schaute über die Graskante nach unten.

Das Meer hatte tiefe Kerben in den hellen Fels geleckt. Der Wind brachte hohe Wellen, die sich an der Steilwand in tosenden Schaum auflösten. Und überall diese Vögel. Wendige Flieger, die sich, ohne jegliche Angst vor den Elementen, durch Schaum und Gicht stürzten.

Es war nur ein einziger Schritt. Ein einziger Schritt von der haltgebenden Graskante in die Welt der Vögel. Man kann sich ganz leicht fallen lassen und sich dem Wind hingeben, dachte Sigrid. Dann erschrak sie und suchte Anjas Blick. „Denkst du an Selbstmord?"

Anja lachte. „Im Gegenteil. Ich möchte leben."

„Aber du hast doch gelebt", sie räusperte sich, „ich meine, du lebst doch."

Anja drehte sich um und schaute ihr ins Gesicht. „Hattest du noch nie das Gefühl, daß du Zeit zum Atmen brauchst?"

„Zeit zum Atmen?", fragte sie.

„Ja", sagte Anja. Ihre Augen wirkten seltsam groß. Die Wangen glühten vom frischen Wind. Die Haare züngelten um den Kopf, als hätten sie ein Eigenleben.

Sie strahlt eine Vitalität aus, dachte Sigrid, die regelrecht erschreckend ist. Sie sitzt hier am Abgrund und scheint dabei in einer Intensität zu leben, die mir unheimlich wird.

Anja sagte etwas, das Sigrid nicht verstehen konnte. Sie hörte nur die Schreie der Vögel. Der Wind schien stärker geworden zu sein. Auch das Tosen des Meeres wurde lauter.

„Ich gehe jetzt", sagte Sigrid plötzlich.

Anja nickte. Sie schien zu verstehen, wovor Sigrid Angst hatte.

„Versprichst du mir, daß du bald zurückkommst?" fragte Sigrid.

„Irgendwann werde ich zurückkommen", sagte Anja und schaute wieder über den Abgrund.

Sigrid ging eilig und ärgerte sich darüber, daß sie bei jedem Schritt mit den Absätzen im sandigen Boden steckenblieb. Erst am Auto fiel ihr das Foto ein. Es war Bernds Lieblingsfoto. Er hatte es ihr mitgegeben und gesagt: „Zeig es ihr, damit sie wieder weiß, wer sie ist."

Sigrid holte das Foto aus dem Handschuhfach. Es steckte in einem dicken Kristallglasrahmen. Anja schaute auf dem Foto leicht nach oben, lächelte nett. Die etwas schmalen Augen, das blasse Gesicht, die modische Frisur, ja das war Anja. Eine nette, junge Frau, die man gerne als Freundin hat oder als Ehefrau oder als Angestellte in einem Betrieb.

Sigrid drehte sich noch einmal zur Steilküste um, sah nur einen Schwarm Vögel, deren Geschrei weithin zu hören war.

Anja kann nicht mehr zurückkommen, dachte sie.

Melanie Babenhauserheide

Was alle können

Was alle können, wenn ich jammere, weil mir das Wetter so schlecht erscheint, wenn das Wetter gar nicht so schlecht ist, ist, mir zu zeigen, daß hier und dort noch ein blaues Loch in der Wolkendecke liegt oder es dort vorn ja schon wieder heller wird. Du gehörst auch zu den Leuten, die das können.

Doch wenn es mir schlecht geht, weil das Wetter nicht nur schlecht erscheint, sondern auch wirklich der ganze Himmel von grauen Wolken bedeckt ist, sagen sie mir: „Du hast recht. Das Wetter ist wirklich unerträglich." Und du, du sagst: „Unter den Wolken lebt immer noch der blaue Himmel." Aber ich sehe den Himmel nicht, und ich kann nicht daran glauben. Und du nimmst mich an der Hand und zeigst mir die Vergißmeinnicht und Gedenkemein im wilden Garten. „Sie sind der Spiegel des Himmels", sagst du, und ich glaube. Und es gibt kein schlechtes Wetter mehr, denn der Himmel bleibt für mich. Und das ist, was nur du kannst.

Lebendig

Licht
welches Türen öffnet
tief atmen
Bewußtsein
sehen
schmerzende Schönheit
die Augen schließen
und tiefer sehen
freie Klänge
Leben auf der Haut
tanzen
wir tanzen beide
unsere Körper ausschöpfen
Liebe von innen
wir explodieren
sprühend
in Farben
unsere Lieblingsfarben
am Himmel
und alle die es sehen können
werden es niemals vergessen
niemals
unser ewiges Leben bis ans
Ende allen Lebens

Heidemarie Bach

Meine Rumpelkammer
(Eine Allegorie für das Unbewußte und Verdrängte)

In meinem Haus gibt es eine Rumpelkammer. Die Gardinen sind zugezogen, damit im Vorbeigehen niemand reingucken kann. Was sollen sonst die Leute denken? Deshalb ist es dunkel drin.

Außerdem ist es ziemlich muffig und staubig und natürlich unordentlich, denn es wird immer nur was reingestellt und, je knapper der Platz wird, immer mehr übereinander und durcheinander. Wer soll da noch was finden? Früher konnte man noch ab und zu was rausholen, aber jetzt findet man nichts mehr. Da fange ich gar nicht erst an. Der Aufwand und der Staub, und dann müßte man all die anderen Sachen, nach denen man gerade gar nicht gesucht hat, auch gleich mit aufräumen oder zumindest umschichten. Wer will das schon?
Aber irgendwann geht es dann doch nicht mehr anders. Du willst wieder was reinstellen, um es aus dem Weg zu haben, aber es ist kein Platz mehr drin. Trotzdem, es muß gehen! Wo soll das Zeug sonst hin, ist doch immer im Weg und immer ein Ärgernis. Es muß da rein! Dann muß es eben irgendwo darauf- oder dazwischengeschoben werden. Das kriegen wir schon hin! Ein wenig schieben und ruckeln an dem ganzen Kram, damit noch was Platz hat... Und plötzlich kommt der ganze Aufbau ins Wackeln, und ein paar Stücke lösen sich aus der dunklen Verklemmung.
Na ja, es kann ja nicht gleich alles auf einmal umfallen! Staub in der Nase und Staub im Mund schiebe ich wieder alles rein in den Mief, ohne genau zu sehen, wohin. Kein Wunder, daß es nicht so recht hält, und der Platz wird von dem Manöver auch nicht mehr. Er wird immer weniger, jetzt, wo erst einmal einiges locker geworden ist. Also lieber nichts mehr reinstellen und die Tür zu. Was soll ich jetzt machen?
Muß ich die unlieben Dinge, die ich da abstellen wollte, doch irgendwie verwenden... Oder gleich in den Müll?

Was alles in der Kammer sein mag? Eigentlich sollte ich es wissen. Weiß es aber nicht, jedenfalls nicht genau. Ich könnte mich ja mal umsehen da drin, aber vielleicht geht dann wieder das Gepolter los. Außerdem sieht man nur, was vorne steht. Aber vielleicht kann ich einige Sachen wieder brauchen. Und wenn nicht, dann kommt es ganz weg. Also, das muß jetzt sein. Ich will es wissen! Was kann schon passieren?

Es kann einiges passieren. Kann sein, daß mir der ganze Berg entgegenfällt, wenn ich erst ein Stück rausziehe. Vielleicht werde ich tagelang niesen von dem Staub, und den Mief mit mir herumtragen. Und wenn ich die Sachen aussortieren will, muß ich sie rausstellen, und da stehen sie dann erst einmal unschön und unpassend und unordentlich herum... Man wird es riechen und sehen. Trotzdem. Daß es keinen Spaß macht, weiß ich. Wenigstens habe ich hinterher ein zusätzliches Zimmer, das ich nutzen kann...

Also aufgemacht. Vorsicht, da wackelt schon was. Man kann kaum rüberlangen, um die Gardine wegzuziehen. Wie der Staub im Lichtstrahl tanzt! Dann ist der Vorhang weg... Du meine Güte!

Das geht aber nicht auf einmal. Manche Stücke aus dem großen Krempelrutsch rufen Erinnerungen wach und lassen mich verharren, andere müssen neu in den Haushalt eingefügt, andere vernichtet werden. Dauert ein Weilchen. Muskelkater, Nasekitzeln.

Dann herrscht Ordnung.

Eva Marie Bertram-Scharf

Auf die Hand eines Kindes

Deine kleine Hand in meinen großen Händen
ruht wie ein Vöglein im warmen Nest.
Wehmut kann in stilles Glück sich wenden,
halt ich sie nur zärtlich fest.

Die kleine Hand birgt sich vertrauensvoll in meinen,
sucht Sicherheit und Wundersinn,
und all mein Kummer will mir scheinen,
schmilzt in der Sonne Hoffnung hin.

Deine kleine Hand tut mir so gut.
Ich fühle reichlich mich beschenkt.
Wir beide sind in guter Hut -
Mein Herz ist frei, nicht mehr beengt.

Wenn ich alt bin

Wenn ich alt bin, werde ich viel Zeit haben.
Aber, statt meine Wünsche zu vernachlässigen,
werde ich sie lustvoll pflegen,
wie eine Katze ihr Fell.
Statt mich wie eine Muschel zu verschließen,
suche ich Zugang zu fremden Herzen.
Statt mich in eine Höhle zu verkriechen,
reise ich der Sonne mit Freuden nach.
Statt griesgrämig meiner Jugend nachzutrauern,
verstärke ich lieber meine Lachfalten
und erinnere mich wunderbarer Erlebnisse.

Statt Grau zu meiner Farbe zu machen,
wähle ich zarte, warme Töne.
Statt der Stille die Türe zu öffnen,
lade ich meine Freunde ein
und reise, so viel ich kann.
Statt ungenießbar zu werden,
genieße ich die Welt in vollen Zügen.
Statt alt zu werden,
werde ich bewußt leben.

Wenn ich alt bin, werde ich jung sein!

Christina Block

Zärtliche Hände

Ich brauche Hände die zärtlich sind
die mich streicheln
nicht nur wenn ich glücklich bin
die beben
wenn mir die Sinne vergehen

laßt es geschehen
daß sie da sind

wenn mich Hoffnung beseelt
wenn Verzweiflung mich quält
wenn ich zaudernd an einem Abgrund stehe

daß dies geschehe
schenkt mir Götter des Lichts
solche Hände

Mein Baum

So wie du mein Baum möchte ich sein
freistehend
über mir nichts als den Himmel
die Sonne die mich umfängt
preisgegeben den Stürmen
nichts fürchtend als den Blitz
sehend über weites Land
mit Wurzeln bis ins Innerste der Erde.

Frauke Blome

Musik

Ein weites, weißes Land und einige kleine Inseln. Das Land zieht und streckt sich nach Leibeskräften. Kälte wirbelt Bindfäden der Nicht-Verständigung.
Taihuna, die Übergangsfrau, folgt dem Ruf, den sie in einer mondinnenklaren Dezemberfeennacht vernommen. Erstaunlich ihre Lust, keine Fragen nach dem Wohin oder Wieso zu stellen.
Sie lauscht und lauscht. Und dann empfängt sie eine eindringliche Musik, die alle Schichten der Eisklirre durchschönt via Klang-Farben und Perlen-Vielfalt.
Taihuna läßt sich führen von dieser Innerlichen Musik quer und kreuz durchs Land. Durchs weite, weiße. Hüben und drüben so manches Kreuz, so mancher Querschläger. Die Übergangsfrau unbeirrt weiter und weiser.
Als die Sonne im Frühling steht, Rotkehlchen und Fuchs sich die erste Wärme-hand kitzeln und Haste-nicht-gesehen-Staunen die Natur zu beringen beginnt, spürt sich Taihuna nah wie nie zuvor. Schon bald würde sie wissen, wohin ihre Innerliche Musik zu führen gefühlte. An einer siebengabeligen Wegkreuzung hockt Taihuna nieder. Wohin nun, pocht die Fragespinne. Sie fällt in einen alles

einbeziehenden Schlaf. Träumt Be-WEG-ung und An-Kommen. Stunden später - vielleicht waren's auch Minuten - wird sie wach durchs Schreien von sieben Möwenschwestern, die „ausgerechnet" auf ihrer Weggabelung gelandet. Noch zieht etwas Nebel durch Taihunas Bewußtsein, und doch spürt sie ganz klar und hell ihre Innerliche Melodie Töne des Verzauberns anklingen, als die jüngste Möwenschwester mit Taihuna Kontakt aufnimmt. Im Nu erklärt sie sich Ein-Verstanden-Sein. Raum und Zeit verlieren Be-Deutung. Tage später - vielleicht waren's auch Stunden - findet sich Taihuna wieder auf einer heißtropischen Insel, leckt sich die Ananaslippen. Ein italienischer Kolibri singt cubanische Blütenzaubermelodien. Taihuna schaut und schaut, ist voll des Staunes und des untrüglichen Wissens, hier den Rhythmen ihrer Musik zu begegnen. Ein Miteinander wildester Naturpflanzen im Schwingen eines Meerrauschens.

Und wieder ist es eine Vollmondinnennacht, als Taihuna in Kontakt mit der Wesenheit kommt, die sie vor Jahren - oder waren's Mondinnen - angeregt hat, loszulassen, aufzubrechen.

Die Musik hat sie durchs weite, weiße Land über Um- und Abwege zur Insel geleitet, zur tropischen Quelle und Essenz. Die Modinnennacht enthüllt Wahrheit, Weg. Taihuna lauscht und lauscht, nimmt auf und erkennt, weiß auf einmal. Zusammenhangssmaragde glänzen Sonnen- und Mondinnenweisung.

Die Innere Musik würde Taihuna nicht mehr vergessen noch missen. Lebtages unsterbnächtlich liebt sie diese Musikmelodie.

Brigitte Breidenbach

W o r t e

Worte hinterlassen Spuren Ein-Drücke
Worte lassen dir Flügel wachsen
- oder dich abstürzen
Worte sind Balsam für deine Seele
- oder fügen dir Wunden zu

aber
Worte, denen nicht Taten folgen,
sind immer leeres Ge-Rede.

Ein Wort ist ein Wort ist ein...

auf dem Jahrmarkt der Künste
fliegt das Karussell der Wortverdreher
du gibst ihnen dein Wort
sie tauschen es gegen ihres
und drehn es dir noch im Munde rum
um jeden Preis haben sie das letzte Wort
so gibt ein Wort das andere
bis deines deinen Sinn verliert
und du verzweifelt nach deinen Worten suchst

auf dem Jahrmarkt der Wortverdreher

Theo Breuer

Gedichtgedicht

gedichte sind
q u e l l e n
sie
entspringen
aus
einem wort
einem ort
einem treffen
einem blick
einem schmerz
einem leben
einem leben
einem nebel
einem kuß
einem schuß
einem muß
einem rot
einem tod
einem blau...
gedichte sind
sagen
gedichte sind
fragen
gedichte sind
b r ü c k e n
die lasten tragen
gedichte sind glas
transparent + zerbrechlich
gedichte sind lichter
jeder *mensch*ist ein dichter

Traute Bühler-Kistenberger

Freigabe

Freigabe -
wieder Zeit
für den Eichbaumschatten

Stille
für den Rückweg - allein
für
die Gedanken mit dir
selbst

Zeit haben
in der Verwandlung
des Schmetterlings
den Vergleich finden
sich freizufliegen.

Mutterland

Durch meine Träume geht ein
Land unversehrt
mit blühenden Traubenhängen und
einem lieblich sich schlängelnden Fluß -
eine Landschaft sehe ich ohne
Krieg und Hader ohne die Werkzeuge
des Hasses, der Folter
die unsere Liebsten
versehrten und unsere Häuser verwüsteten -

Erde die unsere Väter und Mütter
a u f s c h l u c k t e
diese liebliche Insel die meine Kindheit sah
zur Unkenntlichkeit verbrannt und zerstört
sieht mein Aug

L a n d
das unsere Liebe benötigt um neu zu
b l ü h e n -

Mondlicht

Mondlicht,
das weiß im Felsen-
licht leis
stör es nicht.
Kein Ton zerbricht
der Ruhe Laut...
Gespinste, die im Dämmerschein
des Traumes Mittler sind!
Leis - stör sie nicht!
Jetzt schweiget aller Wille.
Gott legt den Finger
vor den Mund -
Sein Atem ist die Stille.

Gedanken

Was ist Liebe? fragen wir uns oft, erfüllt von hohen Gedanken und Zielen oder aber auch enttäuscht und traurig, wenn uns nach vermeintlichem Glück sich plötzlich ein Schatten herabsenkte, wenn einer ging oder sogar fortstarb über Nacht... Da sind wir so verzweifelt und im Düster dieser Ungnade, meinen uns allein und ausgeschlossen aus jeglicher Gemeinschaft, die Leben heißt. Und wenn wir lange in unsrer Klausur zu Rate gingen, wissen wir plötzlich wieder, was sie bedeutet, diese fragwürdige, oft zitierte Liebe: Sie ist Geben ohne zu zögern, ist Ausharren ohne Eigenwille, Opfer ohne Gegenerwarten und nicht Ersatz für etwas, das die Leere füllt, nicht nur Sehnsucht NACH etwas, das mit dir spricht oder Zorn oder Eifersucht auslöst in uns, weil wir zu äußerlich dachten. Das wissen wir dann alles viel später, daß es die kleinen Fehler waren, die kleinen Unaufmerksamkeiten, die schwelenden Gedanken und Worte, die sie uns vermissen ließen. Sie ist's, die unabhängig von Erwiderung oder Besitzenwollen dich mit trägt und Tröstung meint, die dich nicht verdammt, wenn du fehltest, dich aufhebt, wenn du daniederliegst und nicht starr im Trotz verharrst. Sie meine ich, die überall um uns lebt und nicht nur durch eine menschliche Gestalt oder Hand in uns und um uns lebt. Sie, die mit ihrem leuchtenden Tag uns weckt, die dich meint mit jeglicher Kreatur hier, wenn die Wiesen sich leuchtend auftun mit ihrem unsäglichen Blühn und die Wasser dahinter, mit den sie begrenzenden, wehenden Halmen des Schilfs, das du über der Schulter heimtrugst, leichtfüßig und sommererfüllt! Sie meint dich wie mich mit ihrem Silberhauch über den weiten Seen, an dem sich die Augen nie genug satt trinken können, wie die Sonne darinnen versinkt, erfüllt von dem Rot eines Lichts, das uns diesen Schimmer tief drinnen in der Brust ließ.

Das war nicht die Essenz einer Liebe, die leicht kommt und geht, nicht diese rauschhafte, die uns wie spielerisch leicht da- und dorthin wechseln ließ, unseren Tag zu verkürzen, die uns unstet umhertreibt, wie heimatlos von Land zu Land. Ich meine nicht sie, die quält und uns in Selbstzerwürfnis immer neues Leid bringt, obwohl das Verführerische ihr gerne ihr schimmerndes Bild leiht, von vorüberfliehendem Glanz. Sie, ihre erhabene große Schwester ist's, die uns unauffällig und sanft begegnet im Hauch verzauberter Uferlandschaften, unberührt davon, ob ein Auge sie wahrnimmt oder ein Herzschlag leichter wird bei ihrem Anblick oder sich ruhend gewährt in Schönheit und Stille.

Diese Natur, in der wir leben, ist Liebe, ist Gnade der Stunde, die wir frei atmend erleben. Liebe ist Danken für den Augenblick, ist Hochgetragensein vom Impuls der Schöpferkraft in dir bis zur letzten Sekunde, wie es Gnade war, wenn einer eine Zeit, und waren es nur Sekunden gewesen, einig war im Schauen und Hiersein. Verlust ihrer Gnade wäre nur, wenn du haderst mit dem, was auch gut war. Kein Dakapo muß sein, keine Wiederholung um jeden Preis; es würde nur schaler. Lebe! und danke doch der Minute, die immer neues Schauen gewährt. Danke mit jedem Atemzug der Freude, einbezogen gewesen zu sein in diesen lebendigen Kreis der „Sehenden", diesem einmaligen Lebensschauspiel, das sich dir auf ewigen Bildern spiegelt.

Geschenk, das sich dir darreicht, ohne daß du etwas dafür hingibst oder von deinen irdischen Gütern abteilst, außer der Gegenseitigkeit deiner Liebe hierfür, was ein gottgeführter großer Pinsel erfand, dich zu erfreuen... Und wenn wir niedergedrückt und elend am Boden kauern - wie oft waren wir doch verwandelt, wie vom Blitz gerührt, wenn sie hinter dem düsteren Gewölk ihre Strahlen aussendete, mitten in dieses scheinbar hoffnungslose, fruchtlose Herz. Laß keine Hoffnungslosigkeit zu! Gewähre ihr auch im Leid und in der Niederlage nicht Raum in dir. Halt deshalb fest in dir, was gut war, laß die Trauer nicht zu! Denke, daß jeder Augenblick ein Geschenk ist, jeder einzelne diese geschenkte Liebe, an die wir glauben müssen, die uns überhaupt dieses Leben aushalten läßt, ohne auf der Stelle zu sterben, wenn wir diese tragende Kraft nicht in uns wüßten.

Sie allein ist der Gedanke ewiger Wiedergeburt.

Ingo Cesaro

Die Musik der Poesie

wenn die Flammen deine Haut zerfressen
schreit jeder nach Kühle
nur du schreist nach Poesie
quälst dich und willst ausprobieren
was Poesie ausrichten kann
worte gegen den Schmerz
gegen das Feuer

doch den Satz kannst du nicht mehr hören
weil dich vorher eine Ohnmacht erreicht
zerfällt er in Buchstaben über deiner Haut
wenn die Flammen deine Haut zerfressen

es ist nicht zu spät gewesen
niemals
für dieses eine Wort
nur der Schmerz hatte noch keine Übung
auf die Musik der Poesie einzugehen

rechtzeitig verabschieden sich
die Sturmvögel
wenn der Körper starr wird
suchen sie sich wieder
einen sicheren Platz
vielleicht
in einem ganz anderen Gedicht.

Gisela Conring

Heute ein Leuchten

Als ich heute Morgen ins Dorf ging, begegnete ich einem kleinen Mädchen. Es sang, fröhlich hüpfend ein Seil schwingend, vor sich hin. Wir lächelten uns zu. Im Laden an der Ecke stand, noch ein wenig verschlafen, die Verkäuferin. Sie packte duftendes Brot und knusprige Brötchen in das Netz eines Kunden. Seine lustigen Augen zwinkerten ihr zu und ihr verkrampftes Gesicht wurde heller. Ich wollte in den Fleischerladen und überquerte die Straße. Da sah ich einen alten Mann, der vorsichtig seinen Blindenstock bewegte. Als ich ihm laut einen „Guten Morgen" zurief, leuchtete sein faltiges Gesicht auf. Ich lief weiter und sah zwischen den Sonnenstrahlen einige Regenwolken. Schon bald fielen dicke Tropfen auf mein Gesicht. Ich ließ den Schirm in seiner Hülle, schmeckte den Regen -

Langsamen Schrittes kam mir meine Freundin entgegen, sah mich traurig an. Wir sprachen miteinander. Sie erzählte mir, daß ihr Mann sehr krank sei. Über uns sang ein Vogel, der erfreute auch sie mit seinem Lied. Rotleuchtende Heckenrosen spiegelten sich in ihren feuchten Augen - Als ich aus dem Blumenladen heraustrat, war der Himmel wieder blau. Der Postbote drückte mir einen Brief meiner Tochter in die Hand. Ich ging, nachdenklich geworden, meinen Weg zurück. In einer kurzen Morgenstunde war mir so viel bewußt geworden. Wie nah lag doch das Lachen neben dem Kummer. Wie kurz ist die Spanne zwischen Kindsein und Altwerden. Und so oft kann ein Wort das Schweigen übertönen. Jetzt lag Sonnenschein auf meinem Weg. Der Regen hatte wohltuende Kühle gebracht. Eine kleine Katze sprang an mir vorbei. Duftender Phlox erinnerte... Ein bunter Falter streifte mein Gesicht. Auf der Straße meines Vormittags heute ein Leuchten.

Markttag

Zwischen dem dichten Grün der Bäume,
die roten, blauen Dächer
der Marktstände.
Markttag.
Inmitten üppig blühender Sommerblumen
wehen bunte Röcke um strumpflose
braune Beine.
Frauen mit frisch ondulierten Haaren
prüfen die saftigen Kirschen
zwischen den Fingern.
Männer, im Rentenalter, wägen ab -
Apfel oder Apfelsine...
Vom Gewürzstand kommt köstlicher,
fernöstlicher Duft herübergeweht.
Beim Anblick der frischen Kartoffeln
denke ich an Matjes mit Zwiebeln.
Ich spüre, wie sich vor Verlangen
das Wasser in meinem Mund sammelt.
Vielleicht noch eine kleine Stunde,
dann mische ich mich unter die bunte Menschenmenge,
sehe - rieche - fühle -
genieße die Trunkenheit - das Sichtreibenlassen.
Den Korb gefüllt mit den Farben des Sommers
komm ich zurück.

Keine Falte der Zeit

Noch immer sehne ich mich -
will durch verlassene Gärten eilen,

den Mond mit Händen fassen,
in der Sonne Regentropfen fangen
und Neptun mit den Nixen tanzen sehen.

Noch immer sehne ich mich -
und keine Falte der Zeit
würde ich ausradieren.

Frühling am Binnenmeer

Still liegt das Meer im Frühjahr.
Wiesenweihen umsegeln geschnittenes Ried.
Ruhig und unberührt die Wege am Ufer.
Du gehst allein, hörst das Pfeifen der Wasservögel.
Verlassen noch die Campingplätze.
Große Blütendolden an Vogelbeerbäumen
und anderem Gehölz drängen zur Sonne.
Wie lange noch wirst du - Mensch -
diese Ruhe erleben können?
Wie oft noch wird dein Gang durch
erwachende Natur in dir nachhallen?
Wie oft werden deine Kinder - Enkel
der Nachwelt von stillen Naturwundern erzählen?

Siehe den Brachvogel durch junges Gras stelzen,
den Kiebitz im Balzflug über den Weiden schweben.
Schaue die Wolkengebirge, wie sie treiben über dem Meer.
Bewahre dir die Stunden, gebe sie weiter,
male dir Bilder für deine Seele,
stelle sie in den Rahmen,
der Erinnerung heißt!

Gustav Damann

Hoffnung

Autobahnen rasen in das Nichts,
und die Computer konstruieren Plastikmüll.
Gefühle welken und Gedanken pervertieren.

Doch immer wieder klingen Lieder
von Gleichheit und von Menschlichkeit.

Noch kennt der kleine Kompaß Hoffnung
den weiten Weg zum Garten Eden,
wo Liebe und Vernunft regieren.

Was wirklich zählt

Wir greifen nach den Sternen -
und halten oft nur Tand in Händen.
Wir wiegen, rechnen, messen, planen -
doch wenig hat davon Bestand.
Was ist denn wichtig, was bedeutsam für das Leben?
Was wirklich zählt
ist unscheinbar und klein - und doch so groß:
ein Lächeln, das von Herzen kommt,
ein kluges Wort, das Wege weist,
eine Tat, die Brücken baut von Mensch zu Mensch
und Liebe, not-wendende Liebe...

Tonia Damm

Der Zauberring

Frösche verwandeln sich
heute nicht mehr
in Prinzen,
da Königstöchter
ihre Versprechen halten
und darum
die Gabe verlieren,
ihre Froschbekanntschaften
zu erlösen.

Eine Spinne verschleierte die Welt
in Jahren emsiger Arbeit.
Versunken die alten Märchen,
vergiftet die Brunnen.
Im blassen Geäst
hängt der Zauberring,
ein Tautropfen,
den niemand sucht
und drum auch nicht findet.

Das Raunen der Sybillen
übertönen Hubschrauber,
fortissimo.

Aber ich bin gewiß,
jemand kennenzulernen,
der den Feenspruch bewahrt hat
in seinem Herzen
durch all die Zeit,
und Verwandlung wagen wird
hin zu Liebe und Fröhlichkeit
zu einer Stunde,
die keiner weiß.

Radka Donnell
frauenlyrik

        meine
verlorenen wegge-
worfenen gedichte im pa-
pierkorb zerknüllt mit
der altpapiersammlung
weggeschoben oder im
kellerraum der lektoren
im ungeöffneten couvert
zerschnetzelt
werden auferstehen werden
auffliegen aus dem müll-
berg der verdrängung
sich verfangen in den
besenzweigen der pappeln
auf den landstraßen
der gefühle noch beidseitig noch
alleenartig gerahmt werden
deine gedanken
in ein gespräch neu-
verwickeln
        deine
verlorenen wegge-
worfenen gedichte im pa-
pierkorb zerknüllt mit
der altpapiersammlung
weggeschoben oder im
kellerraum der lektoren
im ungeöffneten couvert
zerschnetzelt
werden auferstehen werden
auffliegen aus dem müll-
berg der verdrängung

sich verfangen in den
besenzweigen der pappeln
auf den landstraßen
der gefühle noch beidseitig noch
alleenartig gerahmt werden
meine gedanken
in ein gespräch neu-
verwickeln
         ins
fortdauernde gedicht
zwischen uns allen

an meine jüngere enkelin

Lucy, am meer
sammle ich die schönsten
muscheln einen spiegelrahmen
für dich zu schmücken
in jeder muschel eine überraschung versteckt

            im spiegel
erscheinen dir später einmal
huschende flüsternde meeres-
wellen auch weiße schiffe
die still am himmel fahren
wenn der horizont hinter die
erde versinkt und das meer
eine silberne kugel wird
die sich langsam dreht zer-
fließt verströmt dann in

netzen aus mondlicht sich
selber fängt mit lichtösen
mal rund mal eckig gehäkelt
die mal obenauf mal in der
tiefe schwimmen   am ende
zu lichtschuppen lichtfäden
lichtpunkte schwinden

       wenn du dann
die leisen reinen wasser-
klänge fragst

        welche von
allen frauen die schönste sei
dann sagt dieser spiegel:

        „ihr beide!
        das meer!"

deshalb bringe ich dem meer
jetzt alle gesammelten muscheln
zurück

im leerlauf im

touristentrott landest
du am altar einer weiteren
sehenswürdigen kirche
dein mantel klebt dir feucht
am rücken der kalte boden
kneift dir an den zehen

nur dein blick wandert un-
gestört seinen erquickungen nach
tritt hinein in die bibelszene
zu deiner linken in die
Manna-lese bleibt dort verweilen perplex
das trockene licht prallt ab
von den gebückten ausgreifenden
figuren auf wunder eingestellt
bleiben sie dir fern du bleibst
befremdet:
     befrag ich das bild?
     befragt es mich?
du gerätst in den blick
einer frauengestalt unten
links:
     kennt sie mich? kenn ich sie?
     aber ich weiß nicht
     was das für ein kranz ist
     der sie krönt
     wer sie ist
sie schaut aus dem bild heraus
läßt ihr kleid angestaut in
riesenfalten gegen den bildrand
gleiten macht darunter vielleicht
einen schritt der bald aus dem
rahmen tritt:
     stop
     stop Muse
     du bist's bleib
     wo du bist auch
     wenn du verströmst
     in diesem
     leerraum

Liesel Ditzen

Farbanalyse

Manchmal möchte ich
rot sein
spritzig in Staunen versetzen
fliegen in feurigen Fetzen
samtweicher Klatschmohn
doch eher verschwiegen
ganz sicher nicht
grau und klein
versteh nicht die Sprache der Steine
des Nebels feine
Schleier liegen
auf meinen Haaren schon.

Doch wär ich
leuchtend grün
ein Kräutlein voller Duft
des Frühlings Würze, laue Luft
ein knackig Blatt
Salat, ein starker Baum -
begehr ich
auch das Gelb, das Blüh'n
des Goldlacks in der Sonne
und könnt mit Wonne
als Raupe Nimmersatt
durchfressen meinen Lebenstraum.

Doch bin ich
eher lilablaß
das Blau des Himmels und der Meere
der Wolken weiße Heere

die Glut der Morgenröte wohl dosiert
durchziehen säuberlich
des fliedernen Gemischs
feines Maß.
Lieber aber will ich
bunt sein
wie ein Bilderbuch
ein seiden Schultertuch
flatternd im Wind veränderlich
Konfettiregen
Blütenbänder appliziert
ich brauchte nicht
auch nur zum Spaß
mich festzulegen.

Marita Ehlert

Wunder - immer wieder

Grünzart trotzig die Spitzen
schon im Februar zwischen Schneeflecken
grauweiß. Ich könnte sie
zwischen zwei Fingern
zerdrücken. Aber sie haben
die feuchtschwere Erde mächtig durchstoßen.

Noch im November
zwischen Zweifel und Hoffnung
hatte ich braunrunzlige Zwiebeln
in dunkle Kälte tief versenkt.

Die Finger steif, doch Träume
von blaurotgelben Wundern.

Jetzt ein Versprechen
auf Staunen, auf Freude, Erfüllung.
Wachsen sehen, immer wieder -
immer wieder Samen legen,
vertrauen - immer wieder...
Leben.

Herta Emge

Mut

Manchmal bin ich mutig,
manchmal auch nicht,
und wenn ich mich frage:
Was ist Mut?

In vergangenen Tagen
war ich mutig genug.
Auf der Suche in die Vergangenheit
wächst der Gedanke -
Mut ist ganz einfach zu definieren:
das Leben annehmen,
die leeren Zimmer nicht zählen,
nicht auf verklungene Schritte warten,
die kleinen Freuden verstehen...
Dann bin ich mutig genug.

Worte

Bleistiftstriche
ins Ungewisse
ausgesetzt
alleingelassene Gefühle
und Gedanken -

Wenn einst Sammler kommen
werden sie sortieren,
was falsch und richtig war,
nur wissen -
wissen kann das niemand!

Sehnsucht

Im Pferdewagen durch die Steppe ziehen,
im Feuer Äpfel braten, Kartoffeln rösten,
bis die Funken stieben.
Holz auflegen, ein großes Feuer machen,
Wärme auf der Haut spüren.
Im rot glühenden Abend
die Zeit vergessen.
Wege ohne Schatten möcht ich ziehn,
in flirrender Sommerluft mit
einem Windhauch auf der brennenden Haut,
bis zum verborgenen Horizont
die gelben Blumen dort pflücken,
- zu Sträußen gebunden - und verschenken,
wie helle Worte ohne Zwiespalt in Gedanken
ausstreuen in die Lüfte aus Seide
zum Anfassen,
daß sie nie verwelken
und vergilben.

Roswitha Erler

Moderne Konversation

Um mich her Menschen
die fragen - doch nicht wissen wollen
die reden - ohne ihren Worten Sinn zu geben
die meinen - alles zu verstehen
doch nicht bemüht sind um wahres Verständnis.

Ernsthafte Gespräche?
Suche nach Antworten und Lösungen?
Statt Besserwisserei ein Quentchen Selbstkritik?

Dann könnten Worte Sinn erhalten.
Stattdessen überall Small talk.
Alle reden aufeinander ein
und aneinander vorbei,
und finden alles hochinteressant.

Was ist das für eine Zeit,
in der es modern ist,
Gespräche zu führen,
ohne etwas zu sagen?

Christiane Gläser

Engel der Nacht

Engel der Nacht
mit sanftem Flügel
trägst du die Dämmerung
über die Hügel.
Hüllst die Landschaft
in dunkle Schatten,
wo nur Sterne und Mondschein
einen Blick gestatten.
Bringst Ruhe und Schlaf
für Mensch und Tier,
ein paar Stunden des Friedens
auf Erden hier.
Engel der Nacht
bei dir geborgen
verblassen oftmals
des Tages Sorgen.
Doch bisweilen
erschreckt auch die Dunkelheit,
macht sie uns Angst,
die düstere Zeit.
Von bösen Geistern heimgesucht
und von Alpträumen geplagt,
sehnen wir uns danach,
daß es endlich tagt.
Engel der Nacht
laß uns nie allein!
Gib' uns
Hoffnung, Träume, Liebe
und den Mut,
wirklich lebendig zu sein.

Wenn dir auch hier
vermutlich vieles nicht gefällt,
so breite sie dennoch aus,
deine Schwingen
und beschütze diese Welt.

Karin Grott

... wenn die nächste Flut kommt

Abend für Abend
Andacht auf dem Deich, wenn die
Sonne untergeht.
Nur noch Schattenlicht
und dieses Leuchten im Schlick.
Hart der Möwen Schrei.
Der Tag stirbt im Watt,
und mit der Nacht kommt Sturm auf.
Such' deine Spuren...
Anrennen gegen die Kälte im Herzen,
Salz in den Augen -
Träume versanden bei Ebbe -
Warte nur, wenn
die nächste Flut kommt....

Herbstgedanken

Mit dem Wind
um die Wette pfeifen
auf alles -
wie ein Blatt
sich endlich lösen
fliegen
zum Himmel
zur Hölle.

Der knorrigen Eiche
Runen entziffern
lauschen
auf ihr weises Raunen -
glücklich
der Erde verbunden
welken
mit andern
die schon versammelt
selbst Erde wieder
W E R D E N
gut und fruchtbar.

Verzeih, Adam! *

Da liegt es nun, das geheimnisvolle Kuvert, ganz oben auf dem Postberg, als
wolle es sagen: Ich bin besonders wichtig, lies mich zuerst!
Wer könnte da widerstehen?
Großformatig, Grundfarbe Ocker, Buntdruck - irgendwelche Molekularstrukturen
in unbeschreiblicher Formenvielfalt - mein Malerauge schwelgt.

Nein, noch nicht! Genieße du, denke ich.

Aber dann bin ich nicht mehr zu bremsen, ich mit meiner ewigen Neugier.

Doch öffne ich es vorsichtig, damit dieses Wunder von Hülle nicht beschädigt werde.

Eine Einladung.

Nach Kopenhagen.

Fein, kenne ich noch nicht!

Zu einem Weltkongreß der Frauen.

Einberufen von einer Gruppe internationaler Wissenschaftlerinnen.

Thema: Gleichberechtigung der Frauen - Utopie?

Das fasziniert mich Zeit meines Lebens, und ich wäre glücklich, noch vor meinem Tod die Lösung dieser Menschheitsaufgabe mitzuerleben, wenigstens den Ansatz einer Lösung.

Ja, wenn sich die Frauen der Welt des Problems annehmen, wenn sie sich einig sind, dann...

Was, dann? Ich kann es mir einfach nicht vorstellen.

Die Geschlechterfrage ist so alt wie die Menschheit!

Alt und dynamisch, wie ich es bin, und deshalb noch Mitarbeiterin an einem linken Wochenblatt meiner Heimatstadt, rüste ich mich zur Reise als Frau, Mutter, Großmutter und Journalistin, die DIE Story ihres Lebens wittert.

Ich nehme das Flugzeug, meine Ungeduld nervt mich.

In einem Hotel der bezaubernden Stadt Kopenhagen, das mir angewiesen wurde, erhalte ich die Kongreßunterlagen in einer ockerfarbenen Kunstledermappe mit rotem Innenfutter und meinem Namensschildchen.

Muß ich jetzt „Sie" zu mir sagen?

Dieses Lampenfieber!

Die Nacht bleibt fast schlaflos; ich setze mich ein wenig in die Bar.

Am nächsten Morgen, der kühl ist wie Seide und voller Duft, betrete ich mit Frauen jeden Alters, aller Rassen und unterschiedlicher Hautfarbe den riesigen Glaspalast, ausgestattet mit gepflegten Blattpflanzen, die ihm die Sachlichkeit nehmen.

Springbrunnen verbreiten angenehm feuchte Luft.

Zehn Uhr.

Zeit, den Platz aufzusuchen.

Überall Spannung - die Atmosphäre scheint zu knistern.

Mein Sitz ist bequem, zum Glück rückenfreundlich, weißes Leder.

Von den Wänden leuchten in kräftigen Farben riesige Aquarelle, Frauenmotive.
Von Frauen gemalt? Ich weiß es nicht, aber das werde ich nachher erkunden.
Eine hellblonde Amerikanerin mit energischem Kinn eröffnet den Kongreß.
Nach der Begrüßung referiert sie über die Arbeit der Gruppe der Forscherinnen
auf dem Gebiet der Gen- und Hormonforschung in den letzten zehn Jahren.
Sie steht ganz locker vor ihrem aufmerksamen Auditorium, die eine Hand lässig
in ihrer Jeans vergraben. Gen-Forschung... Wer denkt da nicht an Gen-Manipula-
tion? Sie redet, redet sich in Begeisterung.
Ich habe es aufgegeben mitzuschreiben und das Aufnahmegerät eingeschaltet.
Nur nichts überhören, alles verstehen und begreifen, wenn's geht.
Sie sagt: „Es ist uns mit Hilfe von Gen-Veränderungen gelungen, den männli-
chen Körper so zu strukturieren, daß er schwanger werden kann."
Ungläubiges Raunen.
Da öffnet sich die Saaltüre.
Herein kommen etwa fünfzig Väter, z.T. schwanger oder den Kinderwagen vor
sich her schiebend, manche führen kleine Kinder an der Hand.
Eine fröhliche Gesellschaft!
Die Männer schauen selbstbewußt in die Runde oder auf ihre Bäuche und sor-
gen sich, liebevoll väterlich, um ihre Kinder.
Alle Frauen werfen ihnen anerkennende Blicke zu.
Wer hätte das gedacht?
Das Staunen nimmt keine Ende.
Träumst du, denke ich.
Ein Vater, ein schöner, junger Mann, tritt vor die Frauen. Sein Kind hält er fest ans
Herz gedrückt.
Was für ein Bild! Malen möchte ich es.
Er sagt mit ernstem Gesicht zu den Frauen der Welt:
„Ja, so ist das jetzt. - Ehrlich, habt ihr Frauen das nicht immer gewünscht, daß
endlich mal die Männer die Kinder gebären? Ist das nicht gerecht?"
Alle Frauen nicken oder rufen zustimmend.
Der junge Mann spricht weiter:
„Wir sind jetzt erst richtig gleichberechtigt, Männer und Frauen. Aber wir sind so
ehrlich zu gestehen, daß wir erst in unsere neue Rolle hineinwachsen müssen.
Wir ringen um die Lösung beruflicher Probleme z.B., aber auch in anderen Berei-
chen zeichnen sich Schwierigkeiten und Konflikte ab.

Aber wem sag' ich das, ihr Frauen, die ihr doch genügend Erfahrung habt. Ich bitte euch: Helft uns!"

Donnernder Applaus.

Hier und da wird eine Träne aus dem Auge gewischt. Aber alle „Schwestern" sind sich einig: Den Männern soll geholfen werden!

Benommen, doch glücklich kehre ich zurück in mein deutsches Heimatland und schreibe voll Begeisterung meinen Kongreßbericht für mein Wochenblatt.

Ich suche nach einer Schlagzeile.

Noch heute.

*) lesen Sie bitte dazu von Waltraud Weiß:
  „Verzeih Adam" (die Antwort).

Margot Gruner

Die Bibliothek meines Herzens

Ein Lieblingsbuch hatte ich als Kind, von dessen Inhalt ich heute nichts mehr weiß, nur noch den Titel „Zucker, Bumbum und Trara".

Es flog mir ganz verkohlt und zerfleddert auf den Trümmern meines zerbombten Kinder-Zuhauses entgegen, unleserlich und für immer zerstört.

Die ganze Reihe „Nesthäkchen" habe ich geliebt.

Später habe ich bändeweise „Karl May" verschlungen, als ich in der Knechtskammer wohnte, auf dem Bauernhof, wo ich nach dem Krieg ein bißchen rausgefüttert werden sollte.

„Karl May" in der nachgedruckten Original-Ausgabe habe ich mir nach der Wende bestellt, ohne zu ahnen, daß der Mann über 50 Bücher geschrieben hat!

Verschlungen habe ich alle Bücher, die mir nach Kriegsende in die Hände fielen. Viele sowjetische Schriftsteller, die mir mit den russischen Familiennamen etliches an Konzentration abverlangten. Maxi Wander hat mich erschüttert. Christa Wolf mit ihrem „Störfall" und ihrer heutigen tapferen und kritischen Verteidigung ihrer Schreibkunst.

Ernest Hemmingway's „Wem die Stunde schlägt" und „Der alte Mann und das Meer" - beide Bücher wurden verfilmt - sie waren lange Zeit meine Favoriten.

So ein richtiges „Sternstundenbuch" hab ich wohl nicht gehabt. Geprägt haben mich Menschen und Lebenssituationen mehr.

Ich kann ohne Bücher nicht sein. Ich mag keines aus meinem Besitz hergeben, und habe mir das verlorene „Vom Winde verweht" auch gleich wieder für viel Geld gekauft und es noch einmal gelesen. Nun scheint es mir aber genug.

Kishon mag ich, zumal er mir schon ein Buch persönlich signiert hat und mich trotz Anorak und dickem Schal mit „liebe, gnädige Frau" titulierte. Unvergessen! Sein Humor ist bei aller Treffsicherheit nie verletzend! Das, finde ich, ist auch eine Kunst.

Es bleibt mir nach wie vor ein Mysterium, wie ein Mensch, ein Schriftsteller, ein Künstler, ein ganzes Buch schreiben kann. Ich bleib bei meinen kleinen Episoden und werde voller Interesse, Neugier und Spannung weitere Bücher lesen - von bekannten und unbekannten Autoren.

Bücher tun mir gut - wie Freunde. Nur Bulgakow hat mich so vor den Kopf gestoßen, daß ich ihn nicht weiterlesen mochte.

Sein „Der Meister und Margarita" erinnert mich an die Bilder von Hieronymus Bosch, die ich auch nur mit Grauen betrachten kann, es aber lieber sein lasse.

In der Bibliothek meines Herzens wechseln die Bücher, die Autoren, so wie mich das Leben herumwirbelt oder so wie ich im Leben zur Ruhe komme - nichts dauert ewig.

Wer hat das gesagt?

Hört sich an, als stünde es in der Bibel. Auch in ihr habe ich gelesen.

Wenn ich noch einmal leben würde

All meine Fehler würde ich sicher wieder begehen,
aber ich würde mich viel öfter entschuldigen,
und ich würde absichtlich Kränkendes lieber nicht aussprechen,
weil auch der kleinste Nadelstich Schmerz bereitet.

Ich würde öfter sagen: Ich hab dich lieb!
Ich würde mir meine Liebe nicht hilflos entgleiten lassen.
Ich würde um sie kämpfen -
vorausgesetzt, ich wüßte wie!

Ich würde nicht alles so verbissen ernst nehmen.
Ich würde viel mehr lachen.
Ich würde meinen Kindern viel aufmerksamer zuhören
und nicht so hektisch auf sie einreden.

Ich würde viel öfter ins Theater, ins Konzert gehen,
auch wenn es meinen vorletzten Pfennig kostet.

Ich würde mein Leben nicht so planmäßig leben
und jeden Tag zum schönsten meines Lebens machen
und öfter mal einen Dienstag zu einem Sonntag erklären.

Ich würde mich trauen -
mir selbst mehr zutrauen!
Ich würde mutig sein und nicht nur aus Verzweiflung,
sondern voll Selbstvertrauen und Optimismus.

Ich würde mir zugestehen, daß das Beste gerade gut genug
für mich ist!
Ich würde lernen, auch einmal „nein" zu sagen.
Ich habe schon 6 Jahrzehnte meines Lebens mit allen Höhen
und Tiefen gelebt und versuche heute:
neue Ufer zu erreichen,
auch, wenn ich nicht den gleichen Dampfer nehme!

Christel Guhde

Weidenkätzchen

Weidenkätzchen in Pelzkäppchen. Eine ganze Herde am Strauch. Der Wind wiegte sie gegen den Himmel. Im Gegensatz zu mir machte ihnen die tropfende Nässe nichts aus. Sie gediehen dabei. Hingegen meine rheumatischen Schultern -.
Winterlich hüllte mich der lange Mantel ein. Aufgefaltet bei jedem Schritt schlug er mir gegen die Waden. Der Gedanke an ein Hindernisrennen lag nicht fern. Wo war die Kälte geblieben, der ich so gepanzert entgegentreten wollte? Der Kälte wollte ich heute nur auf kürzestem Weg begegnen. Zurück ins Bett, lautete der Wunsch, der schon mehr ein Befehl war.
Technische Umstände bedingten einen arbeitsfreien Tag. Die Abflußrohre wurden in allen Häusern bei allen Mietern in der Siedlung gereinigt. Die Leute müßten zu Hause bleiben, machte die Wohnungsbaugesellschaft zur Auflage. Handwerker liefen umher, stellten Wasserhähne ab und wieder an, und kontrollierten vom Keller bis zum Dach die Reinigungsvorgänge an den Rohren mit wichtiger Miene.
Am Nachmittag war alles vorbei. Ich warf einen Blick aus dem Fenster, heftiger Wind fegte die Straße und ließ alle Kippfenster rucken und klappen. Grau und dunkler denn je gegenüber der Hochbeton. Schnell fiel der Blick aufs warme Bett zurück.
Die Zentralheizung verströmte beständig und noch zuverlässig das Gegenstück im Bezug auf die Kälte. Ich war irgendwie froh darüber, daß der Winter auch von außen gerechtfertigt schien. Hatte ich mich doch ganz darauf eingerichtet. Wie abartiger Kuckucksruf schallte es in mir: „Winter, Winter, rufts aus dem Wald!"
Endlich kannst du einen Tag zu Hause bleiben, dich langstrecken, ruhen oder dich beschäftigen, wie du es für richtig hältst. Ziehst an, was dir paßt. Ob du nun den Unterrock über die lange Hose hängen läßt, oder ob du den wattierten Morgenmantel noch zusätzlich um die Hüfte schlingst, ihn mit einer Sicherheitsnadel zusammenhältst, ob du die Wollstrumpfhosen zu Pumps trägst oder barfuß in Latschen schlurfst oder beschwingt den schönen Glockenrock flattern läßt, eine Glitzerbluse darüber, es ist allein deine Angelegenheit. Das rote Kleid - und es ist Tag.

Du hast auch einen Herd. Er ist sauber, sehr sauber heute. Und du freust dich schon auf die Kartoffeln. Allerdings notwendiger diätischer Maßnahmen wegen - bescheidene Kartoffeln! Du warst ja am Nullpunkt angelangt. Morgens schon ein Leib wie ein Panzer. Und diese Angst vorm Älterwerden. Wurde alles nur immer schlimmer?

Du begannst umzudenken. Der verödete Herd ist nicht mehr länger Protest gegen Alleinsein und Vergessenwerden. Du hast deinen Herd neuerweckt. In aller Ruhe suchtest du dir Kartoffeln aus, erklärtest sie für nützlich. Du genießt die Kartoffeln. Deine Kartoffeln. In meiner Wohnung, sagst du, hat niemand anderes was zu suchen. Hier ist mein Winter ganz alleine. Hier schmecken mir meine Kartoffeln. Vorläufig wird niemand mich mit seinem unwiderstehlichen, vergleichsweise jugendlichen Hormondruck, womöglich meiner Kartoffeln wegen, da bei ihm selbst keine vorhanden, erpressen. Ein Wort, das du unter Stirnrunzeln bestaunst und noch einmal mit den Lippen formst vor dem Spiegel, nachdem du es vage angedacht, dann deutlicher formuliert hast, ohne es auszusprechen.

Niemand wird dich - undurchsichtiger Egoismen wegen - überreden oder manipulieren, wenn ich es nicht will. Klar jetzt?

An das leere Bett neben mir wollen wir nicht denken. Wir lassen uns die Kartoffeln schmecken. Auf dem Nachttisch, gestapelt, ein paar Bücher. Für den Abend. Und der Artikel von diesem Mecker-Zieghe. Den Recorder gibts auch gleich in der Nähe. Was heißt also - leeres Bett?

Leider machte sich aber doch der Lauf des Lebens ohne Rücksicht bemerkbar und rannte den guten Bettwintertag über den Haufen. Unermüdlich fließt der Kalender mit seinen Terminen, ob man sie nun vergessen hat oder nicht. Die Ruhepause währte nicht lange. Kaum hatten die Handwerker endlich das Haus verlassen, ich mir aufatmend mit zufriedenem Stöhnen die Kleider vom Leib gestreift und sie mit Vergnügen auf den Kleidersessel geworfen, die Schuhe im Bogen ins Zimmer, und war in meine Kissen gefallen, um erst einmal den schmerzenden Rücken auszuruhen, kamen mir im Eindämmern sauber gescheuerte Fußböden vor Augen. Hatte ich doch wegen der herannahenden Handwerker in geradezu ächzender Mühe bis in die Nacht Böden bearbeitet in allen Räumen, die Abflußrohre enthielten. Es war ja gut möglich, daß die Handwerker als Abgesandte der Wohnungsbaugesellschaft in Erscheinung treten und ihre Blicke in alle Winkel werfen würden.

An der Schwelle des Schlafs begegneten mir leuchtende Fußböden. Eine spiegelblanke Heiterkeit in Holz, wie ich mir immer gewünscht hatte, statt des Betongußbodens. Helles Parkett mit Sonnenkringeln und ein entzückend gekacheltes Badezimmer als blaugrüne Erfrischungslagune. Bald schon das Ganze in Erweiterung zu Wald- und Meeresböden. Kleine Rehe eilten, Fische schwammen, und ein Zettel bewegte sich wellig. Ein Zettel, ein Zettel.

Die Erinnerung an einen ärztlich verordneten Massagetermin um halb sechs riß mir die Augen auf. Ich tastete auf dem Nachttisch nach dem Zettel und drehte den Wecker zu mir. Siebzehn Uhr war es bereits. Vor den Fenstern heulte der Sturm. Was für eine Kälte mußte draußen herrschen. Die knappe Zeit erlaubte keine allmählichen Übergänge.

Unter dem Kleiderberg zog ich meine dickste Strumpfhose hervor. Flüchtig schoß mir ein Gedanke durch den Kopf, die Frage, wie der Masseur mich wohl so einschätzte in meinen Verpackungen. Geht ihn überhaupt nichts an, wie ich mich kleide. Mit großer Überwindung hatte ich das Federbett zur Seite geworfen, am liebsten hätte ich es umbehalten. Wenngleich dies unmöglich war, so bedauerte ich doch, keinen wattierten Anzug zu besitzen.

Muschko, mein graugetigertes Katzentier, machte es sich jetzt auf dem Bett bequem. Ein gewisser grüner Spott traf mich aus ihren Augen. Ich kann mir nicht helfen, Muschkos Katzengesicht schien mir von Jahr zu Jahr mimisch differenzierter und menschenähnlicher.

Ich brauchte nicht lange im Kleiderberg zu graben, der schwarze Strickrock lag fast obenauf und der rote Wollpullover war mit ein paar buddelnden Bewegungen schnell an die Oberfläche gezogen. (Kotzbrocken nochmal, schlug einem denn niemals e i n e r wegen einer Kleiderstange ein paar Haken in den Beton?).

„Kleidergrab" hatte Mutter einmal räsoniert und sich abgewendet in einer Geste der Endgültigkeit. Für sie waren Hopfen und Malz bei dieser Tochter verloren. Sie verstand nicht, daß ich ein Gewand erst dann plättete und nach Schäden, einem Hängesaum oder fehlendem Knopf durchsah, wenn ich es anziehen wollte. Als ganz und gar unerklärlichen Widerspruch erlebte sie die Tatsache, daß nicht ein schmutziges Stück in dem Haufen lag.

„Das paßt doch alles nicht zusammen", pflegte sie gekränkt auszurufen, wobei auch ein ängstlicher Ton in der erhobenen Stimme mitschwang. Mein Kleiderberg und ich waren Mutter unheimlich geworden. Hinaus! Ich klappte die Wohnungstür hinter mir zu. Es war inzwischen viertel nach fünf.

Kaum vor der Haustür spüre ich, wie sich Nacken und Rückenmuskeln zusammenziehen. Ich ziehe den Kopf ein. Die Kälte. Ich bin in Bereitschaft. Nur wenige Schritte, und ich biege in den Steig mit den Büschen ein. Es duftet nach Regen, Erde. Mich streifen fast die Zweige mit den Weidenkätzchen. Weidenkätzchen in Pelzkäppchen. Ich stutze, bleibe stehen. Rings überall Zweige, deren winterdunkle Farbe bereits in ein lebhaftes Braungrün wechselt. Kleine regelmäßige Knubbel, erste Ansätze zu Blätterknospen. Das darf doch nicht wahr sein! Ich denke, wir haben Winter? Schweiß klebt an meiner Haut.

Mantel, Mütze, Schal, Wollstrumpfhose, die ganze Verpackung ist unbrauchbar geworden. Meine Barrikade liegt verlassen da. Nässe tropft mir warm ins Gesicht. Der stürmische Eiswind ist ein lauer Südwest. Neben mir, auf dem Rasen, der jetzt nur Erde ist, Krokusse.

Lichthelle und blaue Krokusse sind aufgeblüht. Leuchtende Tropfen auf Gartenerde. Ich trinke Blumen. Plötzlich schmeckt mir der Winter nicht mehr.

Sigrid Haas

Falsche Erhabenheit

Wir fühlen uns
über Tiere und Pflanzen
erhaben,
aber in
vielen Lebensräumen
könnten wir
nie überleben:
Im ewigen Eis,
in wasserlosen Wüsten,
auf den Gipfeln der Berge,
in den Tiefen der Meere.
Tiere und Pflanzen
haben sich
ihrem Lebensraum
angepaßt -
wir passen
den Lebensraum
unseren Wünschen an.

7. Mai 1989
van Shey?

Hans-Jürgen Hilbig

für DICH

würd ich
dir
die wahrheit
sagen
müßt ich
dir doch
schreiben
daß
auch in dieser
rinderwahnsinnszeit
ein dichter
am beginn eines tages
tausendmal den kopf schüttelt
und er
eingesteht
daß er sich
verliebt haben muss
wie sonst
ist es zu erklären
daß ich hier sitze
und mir selbst
einen korb gebe
dabei mußt du das doch tun

Ilse Monika Höhn

Erntezeit

Das Korn blüht. Man sagt, es ist Frühling. Zwei Liebespaare sind gesehen worden. Zwanzig alte Herren, sehr mißmutig. Vierzig alte Frauen, deren Bauch mit dem Busen konkurriert. Man sagt, es ist Frühling und wird bald Sommer. Warum. Auf der anderen Seite des Planeten fegt der Wind gelbe Blätter über bodenfrostige Erde. Dort sagt man, es ist Herbst. Ein Liebespaar wurde gesehen, zwei fröhliche ältere Herren und zehn betagte und beleibte lächelnde Frauen. Man sagt, es ist Herbst und wird bald Winter. Es wird früh dunkel, es blüht kein Korn. Es ist kalt.

Wunderbares Kaleidoskop. Wann wirfst du mal die gleichen Farben? Niemals. Nur die Hand, die dich hält, ist zuweilen warm, zuweilen kalt.

Das Korn blüht, und irgendwas ist immer falsch. Wenn die Augen deines Liebchens zu blau sind, kannst du sie nicht lange ansehen, du ermüdest daran. Wenn dem Lächeln deines Liebsten der Glanz der Innigkeit fehlt, ist es verloren. Das Korn blüht und irgendwas ist immer falsch. Wichtige Worte sind schon längst geschrieben. Jedes Jahr hat sein besonderes Buch. Ganz abgesehen von dem Buch der Bücher, das niemand versteht. Aber das Korn blüht, jedes Frühjahr. Und wie! Die Heuschnüpfler leiden, die Poeten singen, der Bauer wartet auf Sonne. Da ist alles richtig, vom Tempotuch bis zur Sense, es stimmt. Man sagt, das ist das Leben. Das sagt man immer, wenn man nicht weiter weiß. Was soll man sonst sagen, wenn alles gesagt ist. Man sollte schweigen, wäre besser. Wenn bloß das Korn nicht so penetrant blühen würde, sich hochstielig im Winde wiegte, täte, als sei es das Maß. Wofür? Na ja, für die Fragen, Leben, Liebe undsoweiter. Besonders undsoweiter. Mehr, mehr, noch mehr Mehr. Gierige lebenshungrige Kreaturen ihr. Auf der anderen Seite der Erde ist Herbst. Herbst ist schön, weil man weiß, daß der Frühling ganz sicher nach einer gewissen Zeit kommt.

Was aber, wenn es schon um zehn Uhr morgens stockdunkel wird, und keine Aussicht auf Sonnenaufgang ist? Gesetzt den Fall, es passiert. Das Korn blüht weiter. Die Liebespaare küssen sich intensiver. Die Poeten werden schwermütig. Die Alten aber kichern. Das ist unsere Zeit. Niemand sieht die schlaffen Glieder, das schmerzverzerrte Gesicht. Nur der Geruch ist unverkennbar. Der Geruch des

Alters, wie Pilze so ähnlich. Und nichts kann sie erschüttern, auch nicht Dunkelheit in der Frühe. Sie haben das Staunen verlernt, sie blühen wie das Korn, immer irgendwo.

Sie sind Herbst und Winter und Sommer und Frühling gleichzeitig. Beneidenswerte Menschen. Und wenn sie jammern, wegen der Altersbeschwerden, so ist das nur, damit sie nicht von den Jungen erschlagen werden, weil sie soviel mehr haben. Warum das bisher so nicht geschrieben wurde? Weil es ein Geheimnis ist, über das man nicht spricht, bis man es selber erfährt. Heureka, das Korn blüht... mal wieder hier.

Eine Gutenachtgeschichte

Es war einmal ein kleiner Vogel. Er lebte in einem großen Baum und hatte viele viele Nachbarn. Der kleine Vogel war zu allen sehr freundlich. Das fiel ihm gar nicht schwer, denn er lebte so gerne in diesem Baum, daß er jeden Tag neue Lieder einstudieren wollte, so fröhlich war er. Aber gerade das war sein Problem. Er kannte nur die Lieder, die seine Eltern ihn gelehrt hatten. Das waren schöne alte Lieder. Sicher, und er sang sie auch gerne. Manchmal legte er besonders viel Inbrunst in seinen Vortrag. Dann, wenn es schön warm war und die sanfte Dämmerung den Baumwipfel wie mit einem Seidentuch berührte. Die anderen Tiere lauschten ihm. Sogar der Maulwurf unter den Wurzeln hörte auf zu graben. Die Käfer vergaßen weiterzulaufen. Manche Biene versäumte fast ihren Heimflug, so prächtig war sein Gesang. Nur der kleine Vogel wurde zum Ende der Darbietung immer trauriger. Er setzte noch ein wunderschönes Tremolo hinzu, und dann wußte er nicht mehr weiter. Die Tiere gingen schlafen, und auch die anderen Vögel suchten ihre Nachtruhe. Nur unser kleiner Freund grübelte und fand keinen Schlaf. Es müßte doch irgendwo einen Lehrmeister geben, dachte er. Er ahnte, daß seine Stimme noch viel mehr hergeben würde, wenn man ihn nur ließe. Wenn er nur wüßte wie! So verging der Sommer. Schon morgens kamen die Tiere zusammen und hörten ihm zu. Es war, als wenn die Sonne zweimal aufgehen würde.

Eines Abends stand ein Mensch sorgenbeladen unter dem großen Baum. Er hatte viel versäumt und viel verkehrt gemacht in seinem Leben. Das machte ihn traurig. Da hörte er den kleinen Vogel singen. Oh, dachte er, so etwas habe ich noch nie gehört. Er lauschte und lauschte, und mit jeder Minute schwanden ihm seine Sorgen ein wenig. Seit diesem Abend kam der Mensch immer wieder hierher. Am liebsten wäre er jeden Tag gekommen. Aber er war ein wichtiger Mann in seiner Stadt und hatte wenig Zeit. Eines Tages kam ihm eine großartige Idee. Ich werde diesen Vogel mit nach Hause nehmen, dachte er. Er bekommt den schönsten Käfig, den ich in der Stadt kaufen kann. Vielleicht baue ich ihm sogar ein eigenes Haus. Nur hören möchte ich ihn jeden Tag.

Er dachte lange nach über seine Idee, denn er wußte ganz genau, daß der Vogel frei war, und wenn er ihn mit nach Hause nähme, wäre das nichts Rechtes gewesen. Wahrscheinlich würde das Tier sogar aufhören mit dem schönen Gesang. Das alles bedachte er den ganzen Herbst, als die Blätter des Baumes sich bunt färbten, und er den kleinen Vogel kaum noch ausmachen konnte in der goldbunten Blätterversammlung. Als die ersten Schneeflocken fielen, ging er auch nicht mehr so oft zum Baum, obwohl der kleine Vogel weiter jeden Tag seine Lieder sang. Er gehörte hierher. Jetzt im Winter schonte er sich nur ein bißchen. Aber wenn die Sonne den Schnee wie Diamanten aufblitzen ließ, wenn während der lichtdurchfluteten Mittagszeit der Himmel gleißend war, da erklangen seine unvergleichlichen Lieder. Aber einen neuen Meister fand er nicht. Kein anderer Vogel sang wie er, also konnte ihm keiner seiner Artgenossen etwas beibringen.

Schon oft hatte der kleine Vogel den stillen Mann gesehen, seine ruhigen Augen beobachtet, die seiner Stimme folgten, wenn er in der Baumkrone sang. Seltsam war es schon, daß dieser große Mensch keine Lieder kannte. Wenn ich ihm oft genug das gleiche Lied vorsinge, wird er es vielleicht lernen, dachte er. An einem windigen kalten Februarsonntag stand der Mann wieder unter dem Baum. Der kleine Vogel setzte sich noch ein paar Äste tiefer und begann ein ganz einfaches Gezwitscher. Das wunderte den ernsten Mann sehr. Er suchte in den Zweigen nach dem kleinen Freund, und als sich ihre Blicke trafen, begann der kleine Vogel lauthals zu jubilieren. Ein Lächeln erschien auf des Mannes Antlitz. Das freute den kleinen Vogel so sehr, daß er plötzlich eine andere Melodie sang, die sich wie ein Crescendo zum Himmel erhob. Als der Mann ging, leuchteten seine Augen, und Wärme zog ihm durchs Herz. Der kleine Vogel aber hatte seinen Lehrmeister gefunden.

Als der Frühling kam, kaufte der Mann keinen Käfig, sondern ein Zelt. Das stellte er unter dem Baum auf. Und jeden Abend kam er in seinem Nadelstreifenanzug, die Krawatte ordentlich gebunden, Stock und Melone in der Hand, hinaus auf die Wiese. Viele Vögel sangen, aber sein kleiner Freund wartete, bis er sich umgezogen hatte. Erst als der Mann in Jeans vor seinem Zelt saß und anfing, Wasser heiß zu machen, begann der kleine Vogel zu singen. Erst leise, dann immer melodischer und wundervoller bis der runde Mond am Abendhimmel sichtbar wurde. Dann ging der Mann schlafen und der kleine Vogel auch.

Auch du bist jetzt müde, wie der kleine Vogel und schläfst gleich ein.

Walburga Hübner

Was wir brauchen - was wir NICHT brauchen...

Je länger ich darüber nachdenke, desto mehr wird mir bewußt, wie wenig wir wirklich zum Leben brauchen! Noch weniger brauchen wir, um zu überleben! Die meisten von uns haben - wie ich - den Krieg und die trostlosen Jahre nach dem zweiten Weltkrieg niemals vergessen. Und noch etwas habe ich bis heute nicht vergessen, daß ich damals von Erinnerungen gelebt habe, daß ich sie - um zu überleben - brauchte!

Ein Gegenstand, der mich ein Leben lang begleitet

Meine Fleißkärtchen aus dem ersten und zweiten Schuljahr, beziehungsweise deren Endprodukte kommen mir da gleich in den Sinn. Für zehn Fleißkärtchen gab es ein Heiligenbildchen, und für fünfzehn Kärtchen konnte man gar ein Bild mit Sprüchen bekommen.

Ich besitze immer noch Vogelbilder mit niedlichen Sprüchlein darunter; Bilder mit Sätzen aus dem „Gegrüßet seist du Maria" und - Mäusebilder. Alle in schönster Sütterlinschrift!

Über die Dose möchte ich erzählen, die all diese Schätze beherbergt. SIE ist doch noch älter als meine Fleißbildchen; und außerdem ergiebiger und viel interessanter! Knapp vierjährig habe ich diese Dose meiner Oberhausener Großmutter abgebettelt. „Abgeluchst" sagte meine Oma ein paar Jahre später zu mir. Von Oberhausen reist meine Dose zuerst einmal nach Köln, und noch im gleichen Jahr habe ich sie zum ersten Mal in den Ferien mit nach Ostpreußen genommen. Das tat ich bis 1944 - immer wieder. Sehr zum Verdruß meiner Mutter! Im Krieg allerdings reiste die Dose von der Bergstraße aus mit nach Ostpreußen, und Ende August 1945, dieses Mal auf offenem Güterwagen, reisten wir beide von der Bergstraße h e i m nach Köln!

Der einst silbriglänzende Boden ist matt geworden, aber der schwarzgrundige Deckel - mit den farbenfrohen Kolibris und dem herbstlichen Weinlaub - hat so gut wie keinen Kratzer.

Der schwarze Rand mit den Goldschnörkeln - als Kind behauptete ich, es seien chinesische Schriftzeichen - zeigt kaum Altersspuren.

Diese Dose enthält, wenn ich so recht darüber nachdenke, ein ganzes Leben, mein ganzes Leben!

Hin und wieder habe ich etwas von ihrem Inhalt ausgetauscht, aber vieles, wie zum Beispiel die Fleißbildchen, sind der Dose und mir treu geblieben. Karten von edlen Pferden und von Schmetterlingen, Ansichtskarten und Karten mit Schlagertexten sind dort ebenso zu finden wie „Das Peterle", „Madagaskar", „Stern von Rio", „Tapfere kleine Soldatenfrau", „Wenn das Schifferklavier an Bord ertönt" und „Heimatland". Eine Karte beherbergt die Dose, die ich meiner Schulkameradin Evemie nach Sachsen in die Evakuierung schicken wollte. Die Post hat sie - damals am 8. März 1945 - nicht angenommen, weil sie die Ankunft am Bestimmungsort nicht mehr garantieren konnte! Ein Bild von Karl Berbuer und drei seiner ersten Nachkriegsliedertexte fühlen sich auch in der Dose wohl. Einer dieser Berbuerschlager lautet:

„Wenn jetzt die Heinzelmänncher köme
un he dä Brassel üvvernöhme,
mer streuten inne nit zo knapp
statt Ääze, Blömcher op de Trapp,
un jede Knirps (Jeck) kräg he,
de Zozogsgenehmigung per-seè".

Eine Fahrkarte nach Viareggio verwahre ich dort und eine aus dem Jahre 1955, von Caldas de Mavella nach Barcelona - für 29,75 Pesetas.

Photos befinden sich auch in der Dose und Urlaubsgrüße aus der weiten Welt.

Einen Totenzettel bewahre ich dort auch auf sowie Notizen, einen Bleistiftstummel und - Liebesbriefe.

Ab und zu verschicke ich eine Karte aus meiner Schatzdose, aber nur an ganz besondere Leute!

D o s e n - was sie auch beinhalten (und ob der Mensch es braucht oder nicht) - faszinieren mich heute noch genauso wie vor sechzig Jahren!

Jutta Hürter

Abschied

Abends
sag ich dem Tag adieu.
War er gut,
freu ich mich auf das Morgen.
Sah ich
die Liebe,
das Helle,
die Sonne
wird die Nacht zum Traum,
der Schlaf zur Quelle
neuer Kraft.

Dann kann kein Wecker
dieser Welt
mich ärgern in der Früh.

Sah ich kein Licht
an diesem Heute,
sag ich:
„Tag, nun geh dahin.
Wir machen's morgen besser, ja?
Versprochen?"

Und er verspricht:
„Glaub an mich,
schlaf ein."

Ingo Hut

weit über meinem wort
schwebt dein lächeln
es ist die sonne
meiner worte
und mein wort wird
dieser sonne
nie gerecht

schmal ist die stiege
der sprache, hin
zu deinem herzen.

auf dem weg der genesung

unbeteiligt
an den worten und taten
der anderen

wie ein baby
in gefühlen ruhen

sich in sich
ausbreiten

im blühenden kastanienbaum
in mir
haucht warmer wind
eine melodie - leise

Renate Irle

Allerhand Nippes

Seit die beiden Kleinen - meine Enkeltochter hat Zwillinge - vor ein paar Wochen angefangen haben, auf allen Vieren durch die Wohnung zu krabbeln, mache ich mir immer mal wieder Gedanken, was aus mir werden soll, wenn ich noch älter werde. Langsam merke ich nämlich, daß ich nicht mehr die Jüngste bin, vor allem dann, wenn meine Enkeltochter die Kinder mit ihrer überschäumenden Munterkeit bei mir parkt:

Hallo Oma! Ich bringe dir ein bißchen Abwechslung. Du machst das schon! So fit wie du bist! Ich komme in ungefähr zwei Stunden wieder. Viel Spaß bis dahin!

Und diese zwei Stunden, die haben es in sich! Zwanzig Monate Quecksilber auf einem Haufen fällen selbst den stärksten Baum. Ich wundere mich gar nicht, daß die Enkelin mit ihren kurzen Fransen auf dem Kopf jedesmal so lange beim Frisör sitzt oder den ganzen Nachmittag braucht, um in der Stadt einen Parkplatz zu finden, wenn sie „nur mal eben" dies oder das erledigen will.

Schon als sie selbst noch so klein war wie ihre Zwillinge jetzt, mußte ich ihretwegen in meiner Wohnung einige Veränderungen vornehmen, denn ihre Mutter hatte damals auch immer sehr viel vor. Und ich helfe selbstverständlich gern. Aber jetzt! Ich habe den Eindruck, daß die Kinder von Generation zu Generation immer wilder werden.

Der Ältere - natürlich kann ich die Zwillinge unterscheiden! - zog sich schon einmal probeweise am Philodendron hoch, plumpste wieder auf seinen Po und warf dabei die große Bodenvase um.

Um weiterem Unheil vorzubeugen, habe ich sofort alle Pflanzen und Vasen ein Stockwerk höher auf die Fensterbank gestellt und die Töpfe, die dort keinen Platz fanden, kurzerhand bei der Nachbarin auf dem Komposthaufen ausgekippt. In meinen Schränken und Regalen habe ich dann eine etwas kindgerechtere Ordnung hergestellt. Den Karton mit dem überflüssigen Nippes habe ich beim Roten Kreuz abgegeben, denn meine Tochter wollte die Sachen nicht haben.

Weißt Du, Oma - sie sagt tatsächlich „Oma" zu mir - ich werde ja nicht jünger. Du hast ganz recht: Man sollte sich im Alter eher ein bißchen einschränken. Wer braucht schon alles doppelt und dreifach?

Ach ja, meine Tochter ist tatsächlich selbst schon Oma! Aber sie hat recht. Inzwischen können die Kleinen schon ganz gut laufen, und ich mußte den Wohnzimmerschrank ganz und gar ausleeren, weil sie neuerdings jede geheimnisvolle Tür öffnen.

Als die Enkelin ihre Buben abholte, war ich gerade dabei, den leeren Schrank auszuwischen.

Ach Oma, wenn du den Schrank nicht mehr brauchst, nehme ich ihn gern zu mir. Ich weiß gar nicht, wo ich den ganzen Kram unterbringen soll, der sich im Haushalt so ansammelt.

Ist mir nur recht! In meiner Küche haben wir bei dieser Gelegenheit auch gleich ausgemistet. Viel mehr als zwei Tassen und zwei Teller, ein paar Gabeln und zwei, drei Teile Kochgeschirr brauche ich ja nicht mehr zu behalten. Das liebe Bißchen, was ich mir jetzt noch koche!

Die Zwillinge sind jetzt in einem Alter, wo nichts, wirklich nichts mehr von ihnen sicher ist. Sie klettern leidenschaftlich gern, und ich bin wirklich überfordert, wenn ich jedesmal aufpassen soll, was sie gerade wieder anstellen. Ich habe alles, was zum Hinaufklettern und Herunterfallen geeignet ist, radikal aus meiner Wohnung entfernt.

Die Katze habe ich schon längst weggegeben. Kleine Kinder und Katzen vertragen sich nur selten. Wegen des Aquariums habe ich lange hin- und herüberlegt, ob ich es nicht doch hierbehalten soll, aber die Sache hat sich dann von allein erledigt, als die Zwillinge auf die Idee kamen, in dem kleinen Becken zu angeln. Nach der Überschwemmung in meinem Wohnzimmer habe ich den Teppich zum Sperrmüll rausgelegt. Und die Fische fühlten sich sowieso nicht mehr wohl ohne die Pflanzen auf der Fensterbank.

Ich bin jetzt so ausreichend mit dem Nötigsten versorgt, nur mit dem Allernötigsten, daß ich mich inzwischen ganz gut eingerichtet habe und gar nicht mehr mit einer Störung durch überflüssige Dinge oder Ereignisse rechne.

Man glaubt gar nicht, wie wenig ein Mensch wirklich zum Leben braucht, wenn er sich einzig und allein auf das beschränkt, was für die nackte Existenz nötig ist. Ich bin ganz neu dazu gekommen, mich auf nichts anderes als nur mich selbst zu besinnen und fühle mich seitdem richtig frei! Seit einiger Zeit kann ich endlich wieder ganz ungehindert durchatmen!

Gestern hat mein Schwiegerenkel mit seinem Lieferwagen das alte Sofa und die beiden Sessel abgeholt. Ich habe ja meinen Stuhl im Wohnzimmer. Seit die

Urenkelchen in die Schule gehen, kommen sie nur noch sehr selten zu mir. Die Kleinen werden heutzutage ja so gefordert! Immerzu müssen sie so viele Hausaufgaben machen. Auf dem Sofa hat schon lange niemand mehr gesessen. Eigentlich stand es bei mir die meiste Zeit nur so herum.

Als gestern nach der Tagesschau völlig unerwartet meine Zimmertür aufging, war ich richtig ein bißchen erschrocken. An Erich hatte ich gar nicht mehr gedacht. Hatte ihn vollkommen vergessen!

Er kam zögernd ein paar Schritte ins Zimmer herein und schaute zwischen meinem Stuhl in der einen und dem Fernseher in der anderen Ecke hin und her. Dann ließ er seinen Blick - ein wenig verwirrt, wie mir schien - durchs Zimmer schweifen, an den herrlich freien Wänden entlang und über den nackten, von allem Ballast befreiten Holzfußboden. Er schnappte nach Luft, als wollte er etwas sagen, ließ seinen Mund jedoch gleich wieder zufallen. Was hatte er nur? Zu sagen gab's doch schon lange nichts mehr!

Als mein Mann sich wieder zurückzog, habe ich heimlich durch den Türspalt gesehen, daß sein Zimmer so vollgestopft ist wie eh und je. Ein unerfreulicher Anblick! Je älter Erich wird, desto mehr Sachen sammelt er um sich herum an. Am besten schließe ich heute abend sein Zimmer einfach zu, sobald er angefangen hat zu schnarchen.

Ich habe noch einen Rest von der Flurtapete. Den kann mir der Schwiegerenkel dann nächste Woche über die Stelle in der Wand kleben. Dann sieht man gar nicht mehr, daß da mal eine Tür gewesen ist.

Ingeborg Jaiser

Solidarität?

Er steht mitten im hektischen Neonflackerlicht eines Freitagabends und scheint den Rummel um sich herum kaum wahrzunehmen. Noch ehe er auf mich zugeht, kenne ich schon seine Frage. Meine Abwehr ist ein Automatismus, den ich mir zurechtgelegt habe, um heil und ungeschoren durchs Großstadtleben zu kommen. Daß er mich trotz meiner abweisenden Miene um Geld bittet, zeugt von Hartnäckigkeit. Ich schüttle stumm den Kopf und haste weiter. An Beschimpfungen und Drohungen hinter meinem Rücken bin ich gewöhnt, doch dieser abgerissene Bettler bricht fast in Tränen aus. „Habt ihr denn alle kein Herz!?" ruft er in tiefster Erschütterung aus - und ich habe Mühe, in größtmöglicher Ruhe um die nächste Ecke zu biegen.

Nachdem ich die Einkäufe in mein Auto geladen habe, gehe ich nochmal zurück zum Bäcker. Als die heruntergekommene Gestalt erneut auf mich zustolpert, kommt hilflose Wut auf. „Sie haben mich schon mal gefragt und ich habe schon mal nein gesagt", schleudre ich ihr vorsichtshalber entgegen. Etwas Streitbares, Entrüstetes in mir macht sich reflexartig zu einer Konfrontation bereit. Im Gesicht des Mannes vermischt sich plötzliche Verwunderung mit Enttäuschung.

Gehetzt, so als würde mich die Situation zu überstürztem Handeln zwingen, spule ich meine Lebensumstände herunter, so als könne ich den Bettler durch meine eigene, kleine Not zum Verstummen bringen. Doch er hört mich nicht, versteht mich nicht, greint wie ein kleines Kind und streckt die aufgehaltene Hand eher noch ein Stückchen weiter vor. Plötzlich fühle ich mich in solch innerer Bedrängnis, daß ich den Bäcker vergesse und mich abrupt umdrehe. Bloß schnell zurück zu meinem Auto! Als mir der Mann verzweifelt "Nicht mal eine Mark???" hinterherruft, bemerke ich erst mit Schrecken, wie heftig und aufgebracht mein Herz pocht.

Erst als ich meine Rettungsinsel erreicht habe und mich atemlos ins Auto fallen lasse, spüre ich den Ärger - über mich selbst. Wie wenig sind eine Mark oder

auch fünf Mark, im Vergleich zu den Summen, die ich an diesem Abend als Kurs-
gebühren der Volkshochschule, als Eintrittskarte dem Theater zukommen lasse -
ernstzunehmenden Institutionen, die ich, ein vermeintlich engagierter Bürger,
durch meine Teilnahme gerne unterstütze?

Heidrun Khanu

Kinder des Staubes

Kinder des Staubes
tragen schwere Körbe,
zeigen kein Lächeln,
schleppen schwere Lasten
in den Herzen
in den Augen
Hunger, kein Blick
für Blumen und schillernde Buntheit
auf den Straßen des Staubes -
nur keiner sieht es,
wie große Augen stumm
hoffen auf die Satten.

Trauer

Wenn die Hoffnung Trauer trägt
und der Clown in seinem Lächeln die Tränen verbirgt
warte ich nicht
daß deine Kälte mich tötet.

Gefühle sind wie Zweige im Wind.
Es ist das Eis,
das tötet, nicht
der Sturm.

Werner Kissling

Die Punkerin

Ein frischer Herbstduft steigt vom Rhein herauf. Nebel liegt auf dem Wasser.
Über dem Fluß kreisen Möwen. Die Sonne steht bleich und riesengroß über der
Stadt. Der Himmel ist ohne Wolken. Ron Harrisberger sitzt am Ufer auf einer
Bank. Mitten in der Altstadt. Er ist pensioniert, war bis vor kurzem Geschichts-
professor an der Universität. Harrisberger trägt eine dunkelblaue Baskenmütze,
einen hellgrauen Trenchcoat und eine braune Manchesterhose. Der Professor, von
mittlerer Gestalt, hat ein breites ausdrucksvolles Gesicht, auffallend weiße Hände. Schon eine Weile liest er in einer Sportzeitung. Und blickt erst auf, als eine
Punkerin neben ihm Platz nimmt. Sie ist nicht unschön. Etwa zwanzig. Hat einen
schwarzen kurzen Minirock und schwarze Netzstrümpfe an. Auch eine schwarze

72

Lederjacke. Dunkle Punkfrisur. Sofort fragt das Mädchen den Mann, ob es eine Zigarette haben könne. Er sei Nichtraucher, antwortet Harrisberger.

Aus ihrer Lederjacke zieht die Punkerin eine alte Maulorgel und beginnt den Wolverine Blues zu spielen. Eine traurige Melodie. Weich, leise haucht sie das Mädchen. Darauf improvisiert es originell. Den wildesten Sound preßt es aus der Orgel. Es bläst so, als ob es den Tönen nachjagen würde. Dann fetzig. Schräg. Mit dem Fuß schlägt es fanatisch den Takt. Und ganz am Schluß spielt es nochmals weich, silberhell: die Melodie. Dieser Jazz hat dem Professor derart gut gefallen, daß er es sofort fragt, ob es schon zu Mittag gegessen habe. „Noch nicht", antwortet die Punkerin. Er koche ihr zu Hause ein Essen, erwidert er. Sie heiße Pia, sagt sie halblaut zu ihm.

Kurz darauf betreten Pia und Harrisberger die Wohnung: Berge von Büchern liegen auf dem Tisch, auf dem Boden und auf den Fenstersimsen. Alles dicke Schmöker. Alle hellblau eingebunden. Als das Mädchen sie anstarrt, bemerkt Harrisberger, er brauche diese Bücher zum Nachschlagen. Sein Hobby sei die Geologie. Genauer: die Trilobiten. Sie seien Krebstiere, die in einem riesigen Meer gelebt hätten. Sie seien heute versteinert.

An einer Wand hängt eine farbige Tabelle mit der Erdgeschichte, auch einige Poster mit versteinerten Tieren und Pflanzen. Geologenhammer und Kompaß auf einem runden Marmortischchen. Pia setzt sich in einen großen Ledersessel nahe am Fenster.

Während Harrisberger das Mittagessen kocht, liest die Punkerin in einem Journal. Alsbald serviert er: Spaghetti, Koteletts und einen Tomatensalat. Dazu stellt er einen halben Liter Roten auf den Tisch. Das Essen findet Pia super. Sie verschlingt es in Rekordzeit. Ihr bauchiges Weinglas leerend meint sie dann, es freue sie, daß sie ihn nicht schockiert habe: mit der Frisur und den Kleidern. Die Punker wollten die Bürger schocken. „Schocken, verstehen Sie... besonders die Spießer." Die meisten Punker seien ohne Arbeit. Den ganzen Tag lebe sie auf der Straße. Nachts könne sie bei einer Tante schlafen.

Im hellen Flur draußen bedankt sich Pia für das Mittagessen. Blitzschnell zieht der ältere Mann eine Hunderternote aus der Brieftasche und steckt sie ihr entgegen. Das sei für eine neue Mundharmonika, lacht er.

Rasch steckt Pia die Note in ihre schwarze Jacke und huscht die Holztreppe hinunter, hinaus auf die Straße.

Daniel Klaus

Es ist August

Es ist August, die Sonnen-
untergänge berühren heute
unsere Gesichter wie Pfirsiche,

meiner ein wenig mehr,
als deiner, ich weiß das
nicht sicher, es ist nur

eine Vermutung und
im Schatten sind es zwei-
undzwanzig Grad, bis fast
elf Uhr wird das so bleiben.

Du denkst in Bildern, ich in
Worten, während du die Augen
offen hältst rede ich, neuerdings

sitzen wir auf der Terrasse, nicht
vor dem Fernseher, wie sonst und
statt Musik hören wir Natur, inklusive

unserer Stimmen,
von Zeit zu Zeit tut es gut,
sich so nah zu sein.

Doro Klostermann

Augenblicke

Lachende Augen, von Fältchen umrandet,
schauen wach in die Welt. Klara.
Sie ist eine Sammlerin.
Sie sammelt Augenblicke.
Bewahrt sie auf, alle.
Sehr sorgfältig.
Immer, wenn ein neuer Augenblick hinzukommt,
verharrt Klara in stillem Staunen.
Wieviel Innigkeit, Fröhlichkeit, Verschmitztheit,
Wildheit aber auch Traurigkeit, Ängstlichkeit und
Oberflächlichkeit begegnen ihr.
Sie mag sie alle.
Manchmal betrachtet sie still
ihre Sammlung
mit den ganz besonderen Augen-
blicken: Entscheidende Augenblicke,
Augenblicke voller Liebe,
Augenblicke, die ihre Seele berührten und
Augenblicke des Glücks.
Klara, die Sammlerin...

Carla Kraus

Was ist das - „Glück"?

Ein wenig Strahlen in der Sonne
und ein geschenktes, billiges Maiglöckchenparfum
pro Auge eine Freudenträne,
heimlich abgewischt beim Hinausgehen,
ein Glas falschen Champagners
dicker Honig aufs Frühstücksbrot
eine Wolke, die unter Vogelschwingen kriecht,
ein trunkner Pantoffel vor dem Doppelbett
ein Pfefferminztee beim Flohmarkt
eine heiße Quelle am Bergesfuß
ein offnes, goldenes Tor im dichten Wald
ein Punkt im Weltall
Himmel in Eigenregie...

Walter Landin

Perspektiven

Zum Greifen nah
Wußten wir doch
Wir würden ankommen
Zu keiner Zeit

Wir haben uns eingerichtet
In lichtdurchfluteten Räumen
Umgeben von Kiefernmöbeln
Massiv und naturbehandelt.
Den Fernseher dezent plaziert
Kommentieren wir mit Kennermiene

Die täglichen Hiobsbotschaften.
Wir haben es gewußt
Schon immer.
Wir leben gesund und
Backen unser Brot selbst.
Sonntags Müsli und
Viel frische Luft.
In letzter Zeit
Schlafen wir nachts.

Nur manchmal
Und nie vorhersehbar
Überfällt uns ein Kribbeln
Unruhig und tief drinnen.
Aufbrüche und Ränder und
Wird-Zeit-daß und
Wer-wenn-nicht-wir und
Wann-wenn-nicht-jetzt
Relikte aus Zeiten.

Wir reißen die Augen auf:
Alles in Ordnung!
Auf dem Tisch der Stapel
Ausgelesener Zeitungen
Eine Jacke über den Stuhl geworfen
Die Sherry-Gläser nicht abgeräumt
Jogging-Schuhe unter der Telefonbank.
Die Prise Unordnung genau geplant.

Zusammenfegen
Sollten wir nur
Die Herbstblätter
Verstreut
Im ganzen Haus.

Karen Lark

Feinde

„Hallo, Peter. Wie schön, daß du kommen konntest. Wie geht's?" Patsy gab ihm einen Kuß auf die Wange.

„Du weißt, ich komme immer, wenn es etwas umsonst gibt. Sind ein paar nette Leute auf deiner Party?"

„Oh ja, und ich muß dich unbedingt mit jemandem bekanntmachen." Sie nahm seinen Arm und führte ihn bestimmend in ihr Wohnzimmer und durch die Menschen, die es sich bereits bequem gemacht hatten. „So, Peter, dies ist..."

„Wer würde ihn nicht kennen, den Kritiker Alexander Fields, den großen Alexander den zweiten!"

„Wie schade, ich dachte, es wäre eine Überraschung! Oh, die Klingel. Entschuldigt mich!" Patsy lächelte flüchtig und war schon verschwunden.

„Nun, die Überraschung ist ihr gelungen. Ich hätte nicht erwartet, dich in diesen Sphären anzutreffen."

Alex drehte sein leeres Glas in den Fingern und sah sich um. „Lange nicht gesehen. Was treibst du so?"

„Würde es dich interessieren? Wohl kaum. Ich muß zugeben, daß ich nicht gekommen wäre, hätte ich auch nur im Entferntesten geahnt, dir über den Weg zu laufen."

„Wir sind nicht auf einer einsamen Insel gestrandet, mein Lieber. Wenn dir meine Anwesenheit so zuwider ist, ich kenne noch ein paar andere Leute hier."

„Oh nein, bleib nur hier. Es ist zwar nur wenig, dir einen Abend zu verderben, aber wenn sich schon mal die Gelegenheit bietet, will ich sie ergreifen."

„Ich fürchte, ich nehme deine Zeit über Gebühr in Anspruch."

„Willst du fortlaufen?"

Alex lehnte sich an die Wand und sah in die Menge, deren Geräusche wie eine geschlossene Tür wirken wollten. „Nein." „Du hast mehr Rückgrat, als ich annahm."

„Peter, was möchtest du trinken? Ich kann dich doch nicht auf dem Trockenen sitzen lassen." Patsy lachte sie abwechselnd an.

„Egal, du wirst schon das Richtige finden." Er sah ihr nach und wandte sich dann

wieder an Alex. „Auf dem Trockenen, das zumindest nicht, wie?"
Alex grinste unsicher und schwieg. Gleich war Patsy zurück und drückte Peter ein Glas in die Hand. „Hat Alex dir seine Neuigkeit noch nicht erzählt?"
„Alex hält sich zurück, was sonst gar nicht seine Art ist."
„Er hat seinen Roman fertig." Sie wurde abgelenkt durch jemanden, der zur Tür hereinkam, und eilte hinüber.
„Das wahrhaftig ist eine Neuigkeit. Ich wußte nicht, daß du einen Roman schreibst. Ich hoffe, er ist besser als all jene, die du so genüßlich zerrissen hast."
„Wer weiß."
„Vielleicht verfaßt du die Rezension am besten selbst. Dann könntest du zur Abwechslung etwas Positives schreiben."
„Können wir das nicht lassen?"
„Du vielleicht. Doch mich bewegt zu sehr dein Glück beim Lesen. Wie oft habe ich mich gefragt, ob dieser arme Mann Bücher nicht hassen muß. Keines scheint ihm Freude zu machen. Und nun willst du die heruntergekommene Kunst vor dem Niedergang retten. Eine große Tat."
„Peter, sollten wir nicht versuchen, normal miteinander zu reden?" Alex sah ihn zum ersten Mal gerade an.
„Wenn ich nur wüßte, wie ich 'normal' mit jemandem reden soll, der mir jahrelang die beste Freundschaft vorgaukelte, nur um mich am Ende nach Strich und Faden fertig zu machen."
„Es tut mir leid."
„Wie?"
„Es tut mir leid, daß ich all das geschrieben habe."
„Eine noble Geste. Ich hätte sie nicht erwartet, das gebe ich zu. Du solltest einen öffentlichen Widerruf verfassen. Vielleicht kannst du dann deinen ehemaligen Freunden wieder ins Gesicht sehen."
„Ich meine es ehrlich."
„Dann frage ich mich doch nur, ob es sich gelohnt hat, zum Feind überzulaufen, wenn du jetzt wieder in das andere Lager wechseln willst. Glaubst du nicht, daß dich jeder für einen Verräter hält?"
„Ist das ein Grund, den richtigen Schritt jetzt nicht zu tun? Ich erwarte nicht, daß mich irgendjemand mit offenen Armen empfängt."
Peter schwieg.
„Nachdem das also klar ist, kann ich wohl gehen."

„Warte. Nein, warte."

„Gibt es noch etwas zu sagen? Ich habe einen Fehler gemacht. Den ich bereue. Den ich nicht rückgängig machen kann. Das sollte wohl reichen."

„Nein, das reicht nicht. Ich dachte, wir wären wirklich gute Freunde. Du wendest dich gegen alles, was uns wichtig war. Und nun soll dieses Geständnis reichen?"

„Was willst du denn noch!"

„Was ich will? Zum Teufel, wenigstens eine Erklärung. Was glaubst du, wieviel Nerven und wieviele schlaflose Nächte du mich gekostet hast!"

„Peter, ich habe die Nase wirklich voll von deinem Zynismus."

„Und das soll ich dir glauben? Wo jede deiner Kritiken von Zynismus nur so trieft?"

„Du kannst mir nichts Neues mehr vorwerfen, ich habe mir das alles schon zu oft vorgehalten."

„Aber warum? Warum hast du dich gegen uns gewandt? Das wollte mir noch nie in den Kopf."

„Aus Machtgier, als Geltungssucht, such dir das Schlimmste aus. Wenn man irgendwo irgendetwas werden will, muß man über Leichen gehen."

„Ich verstehe es nicht. Ich habe es schon damals nicht verstanden. Du warst gut, wirklich gut, der beste von uns, und dann wirfst du alles hin, nur weil jemand über dich lacht."

„Ich wollte auch lachen. Nur leider ist es mir im Hals stecken geblieben."

„Komm mir nicht mit irgendwelchen Redensarten. Du mußt doch selbst gemerkt haben, wie falsch es ist, andere für das zu strafen, was dir angetan wurde."

„Stell dir vor, genau das habe ich gemerkt. Und darum habe ich aufgehört."

„Nachdem du der berühmteste, oder sollte ich sagen: berüchtigste, Kritiker geworden bist. Ich kann dir wirklich nicht folgen."

„Nun, es war schon ganz nett, mich im Rampenlicht zu sonnen und die Lacher auf meiner Seite zu haben."

„Warum mußtest du so grausam werden? Anfangs warst du ein guter Kritiker. Du hättest etwas für die Literatur tun können, statt wahllos jeden in den Staub zu treten, der dir in den Weg kam. Warum konntest du nicht objektiv bleiben?"

„Objektiv, daß ich nicht lache. Es gibt nichts Subjektiveres als Kritik, Kritik ist reines Wunschdenken. Man beschließt, jemanden gut oder schlecht zu finden, aus welchen Gründen auch immer. Und danach schreibt man. Kritik ist nicht Reaktion, sondern Aktion. Und das nenne ich nicht objektiv. Laß uns dieses Gespräch abbrechen, Peter, es führt ohnehin zu nichts." Doch er blieb stehen, an die Wand gelehnt, mit geschlossenen Augen.

Peter sah ihn an, um Worte verlegen. In seinem Kopf herrschte Aufruhr, der nach einem Ausbruch drängte. Am liebsten hätte er zugeschlagen, aus Wut, oder Haß, aus dem Grund, daß er nicht wußte, was er sagen sollte. „Wovon handelt dein Roman?" fragt er, fast gegen seinen Willen.

„Von Freundschaft, die zerbricht, von Liebe, die in Haß umschlägt, von - nun, einfach davon." Alex sprach, ohne die Lider zu öffnen.

„Darin hast du ja Erfahrung."

„Sei ruhig sarkastisch, ich erwarte nichts anderes."

„Gib zu, du erwartest, daß alle anderen besser sind als du, daß man dir verzeiht."

„Verzeiht? Sicher nicht! Wie könnte ich erwarten, daß mir irgendjemand verzeiht, wenn ich es selbst nicht kann?"

Sein Blick überraschte Peter. „Der wahre Märtyrer", sagte er mit Absicht in diesen offenen, ungeschützten Blick. Alex gab keine Antwort, wandte sich ab und verschwand in der Menge.

Peter schluckte einen zornigen Ausruf hinunter. Statt dessen suchte er sich einen Platz zum Sitzen und trank seinen Wein, betont langsam, betont genießend.

Eine halbe Stunde später bemerkte er, wie Alex sich von Patsy verabschiedete. Er stellte achtlos sein Glas ab, winkte ihr ein flüchtiges „Gute Nacht und danke für die Einladung" zu und folgte Alex auf die Straße. Offensichtlich hörte jener die Tür, wandte sich um.

„Du? Ich dachte, wir hätten alle Feindseligkeiten ausgetauscht."

Peter stand vor ihm, fragte sich, was er hatte sagen wollen, warum er ihm nachgelaufen war. „Ich wollte", begann er, beinahe im Flüsterton, „ich wollte, ich könnte es dir heimzahlen, hundertfach, tausendfach, für diese letzten Jahre! Wie sehr habe ich bereut, daß du mich so gut kanntest, wieviel glaubte ich, zwischen den Zeilen zu lesen, wo deine gemeinen Seitenhiebe standen, die zum Glück nur ich verstehen konnte. Ich wünschte, es gäbe etwas, womit ich dir für all das die Rechnung präsentieren könnte."

Alex sah ihn an, sah zu Boden, wartete offensichtlich auf mehr.

„Sag etwas, steh nicht da und schweige!"

„Was, zum Teufel, willst du denn noch hören? Alles, was ich zu sagen habe, würde einfach nur sentimental klingen, nach einer billigen, kitschigen Story."

Peter sah ihn an und lachte unvermittelt. Als er sich gefangen hatte, nickte er: „Du glaubst nicht, wie schwer es mir fällt, dir nicht einfach ins Gesicht zu schlagen. Sentimental - nicht wahr?" Und er lachte wieder.

Alex seufzte: „Nun, dann sind wir uns wenigstens darin einig."

„Du hast recht. Für heute sollten wir es dabei belassen." Er steckte die Hände in die Taschen und sah auf den Asphalt hinter. „Wir sehen uns sicher früher oder später auf einer anderen Party." Er wandte sich zum Gehen und schritt langsam die Straße hinab, langsam, bis er stehenblieb und sich noch einmal umdrehte.

Alex stand an derselben Stelle vor Patsys Haus. Sein Blick war wie festgenagelt auf einen Punkt direkt vor ihm.

„Alex!" Er sah auf. „Willkommen im Club!" Stumm war der Blick, Alex verzog keine Miene, schien etwas vor sich hin zu murmeln.

Peter wandte sich ab und unterdrückte einen wütenden, erleichterten Fluch.

Ulla Lessmann

Schreiben

Den endgültigen Anfang
überspringen,
in der Mitte beginnen.
Nach vorne und hinten
ausbreiten.
Suchen
nach zwei Worten
für hundert Gefühle.

Leistung

Was hast du heute geleistet
geschaffen?
Unendlich
in den Himmel gesehen
ein Märchen erträumt
und so viel
erschaffen.

Beurteilung

Dein Maßstab
hat nicht die Ziffern,
die mich ausmessen könnten.
Such dir einen neuen
oder höre auf zu suchen.

Schwester

Vor allem um die Lippen herum sind diese rissigen, winzigen Falten eingekerbt, wie Vogeltritte im tauenden Schnee.

Ich werde nie so aussehen, so zusammengeschrumpft um die eingezogenen Lippen herum. Sie zeigt sogar ihren Hals noch, anstatt ihn hinter geschickt drapierten Seidentüchern taktvoll zu verheimlichen. Schrumpelige Hände. Die Hände und der Hals verraten alles. Früher trugen Frauen Spitzenhandschuhe. Sie wußten, warum.

Wir wissen, daß Heidrun nie so viel Stil hatte wie du und ich. Takt schon gar nicht. Takt und Stil, das war unser Lebensrhythmus, ihrer nie. Im Alter wird dieses Unmelodiöse schriller und mißtönender. Im Alter ist Stillosigkeit vernichtend. In jüngeren Jahren, obwohl Heidruns Stillosigkeit schon damals nicht zu übersehen war, macht der Schimmer glatter Haut einiges wett, was schlecht komponiert ist. Lenkt ab von falschen Farben, von unförmigen Gewändern, brüchigen Konturen. Von Stoffen, die nicht zueinander passen, von Strümpfen, die Falten um die Fesseln werfen und beim Sitzen in den Kniekehlen krumpeln. Solange die Beine schlank sind, die Fesseln und Knie noch schmal, sind selbst diese grauenhaften Nylonwülste zu tolerieren. Jetzt nicht mehr. Hast du gesehen, daß ihre Knie geschwollen waren? Daß ihre Fesseln den sanften Schwung, diese zarte Kurve zwischen Wade und Fuß, völlig verloren hatten?

Innere Werte. Wer interessierte sich für Heidruns innere Werte, so abstoßend wie ihre äußeren Werte waren? Das war die Ausrede, der Trost, die Ablenkung, der Betrug, als wir jung waren. Wichtig sind nur die inneren Werte. Niemand hatte Lust, keiner fühlte einen Anflug von Interesse, das Innere nach außen zu locken. Weil schon von außen klar war, daß das, was eventuell innen war, dieses Äußere bestimmte. Wer zu lange Kleider trägt, die in der Taille zu eng sind, hat keinen Sinn für Proportionen. Sinn für Proportionen ist ein innerer Wert, das Fehlen dieses Sinns bei Heidrun war fatal. Das spürten alle, die sich von ihr abwandten, bevor sie auf die vage Idee hätten kommen können, irgendetwas zu entdecken, was diesem absurden Äußeren im Inneren widersprechen würde. Wir entdeckten Heidruns innere Werte nicht, obwohl Mutter ihr Vorhandensein suggerierte. Wir sahen, daß sie nichts aufeinander abstimmte, keine Harmonie wollte, von außen. Was sollte dort sein im Inneren, was sie nicht gewillt war, anziehend zu zeigen? Es konnte nichts sein.

Heidrun gewöhnte sich gegen die Mißachtung ihrer angeblichen inneren Werte, an deren Existenz wir nicht glaubten, diesen spöttischen Zug um den linken Mundwinkel herum an. Jedenfalls hielt sie ihn offensichtlich für spöttisch. Wir sahen nur eine über die Jahre hin tiefer sich einkerbende Linie, die ihren Mundwinkel herunterzog und verachtungsvoll aussehen sollte, und ihre ohnehin unregelmäßigen Züge noch stärker nach links unten verzogen.

Unschön, sagte Mutter oft, Heidrun wirkt manchmal so unschön. Das sagte sie uns, nicht Heidrun. Man darf sie nicht kränken. Sie läßt sich nicht kränken, sagten wir. Sie ist rücksichtslos unkränkbar. Sie verzieht ihr Gesicht, um es uns als einen höhnisch karikierten Spiegel unserer eigenen Gesichter zu präsentieren. Wir sind die Gekränkten.

Gleichzeitig hob sie ständig eine Augenbraue. Sie blieb nach einigen Jahrzehnten dort oben, grotesk eingefrorenes Zeugnis für den Versuch, arrogant und abweisend auszusehen.

Diese Braue, überwölbt von gleichmäßigen Stirnlinien, Berg und Tal aus dünner weißer Stirnhaut über dieser einen Augenbraue. Die andere Stirnhälfte glatt. Aber es gab für Heidrun niemanden abzuweisen. Absurd nach links unten verzogener Mundwinkel und nach rechts oben gehobene Braue, das war Heidruns eingemeißelter Gesichtsausdruck im Alter.

Jetzt sieht sie damit fast mitleiderregend aus. Das hat sie nie gewollt. Sie wollte ihren Haß auf uns und auf unsere harmonische Eleganz, unseren ausgewogenen Stil, ein für alle mal mit dieser clownesken Fratze zeigen. Sie wußte, daß sie uns ohne diese Maske ähnlich gesehen hätte. Wir spürten, sehr selten, einen Hauch von Dankbarkeit, daß sie diese zu ahnende Ähnlichkeit unwiederbringlich zerstört hatte.

Unser Mitleid hat sich erst ganz am Ende und nur lauwarm gerührt. Schließlich war sie allen behutsamen und höflich angedeuteten Vorschlägen gegenüber stählern verschlossen. Habt ihr denn so gar keinen Einfluß auf Heidrun?, fragten gelegentlich kopfschüttelnd die Cousinen, wenn unsere Schwester einmal mehr mit der falschen Handtasche zum Tee erschien. Wenn sie überhaupt erschien, dann grundsätzlich in unpassenden Pumps oder mit unmöglichen Handtaschen. Wenn sie sprach bei diesen Tees, zuletzt eigentlich kaum noch, dann abrupt, kurzsätzig, barsch. Die Kunst der Konversation - Heidrun nötigte allein dieser Ausdruck einen Laut ab, der dem Knurren eines Hundes nicht unähnlich war. Du und ich, wir haben uns untereinander, nicht vor den Cousinen, darüber verständigt, daß

wir Heidrun in der Öffentlichkeit möglichst nicht ansprachen.

Charme war es, was ihr fehlte. Den lernt man nicht, den hat man. Heidrun hätte ihn auch nicht lernen können, wenn das möglich wäre. Ein wenig Verbindlichkeit, etwas Contenance, schon als Kind hat Heidrun nicht einmal gewußt, was das bedeutet. Was es ihr hätte schenken können im Leben. Heidrun wollte nie Geschenke. Erinnerst du dich? Was wir ihr auch schenkten, sie zog die Augenbraue hoch, sie senkte den Mundwinkel. Einmal hat sie gelacht. Ich wollte vergessen, weshalb und es ist mir gelungen. An ein Lächeln kann ich mich nicht entsinnen. Vielleicht konnte sie gar nicht lächeln mit dem schiefen Mund. Ich glaube nicht, daß Heidrun gelächelt hat, als wir klein waren, und als ihr Mund aussah wie unserer. Das ist zu lange her.

Stattdessen führte sie uns dieses sichtbare Altern, dieses indiskret Unverborgene ihres Greisinnenwerdens vor. Sie wollte uns verstören mit ihrem Vogeltrittmund, ihren schrumpeligen Händen, diesem Faltenwurfhals, ohne Knie und Fesseln. Ich werde für mich keinen offenen Sarg zulassen. Das ist die endgültige Vernichtung. Sie wird dies verlangt haben, schriftlich, da sind wir sicher. Gefordert haben wird sie, daß ihre Schwestern sie im offenen Sarg ansehen. Wir waren darauf nicht vorbereitet. Überrascht hat uns dennoch nichts. Heidrun hatte nie ein Gefühl für Proportionen: Dieser Sarg ist viel zu groß für sie. So zusammengeschrumpft kam sie uns zuletzt nicht vor. Sie war immer groß, verlängerte sich zudem mit dieser albernen Augenbrauemanie. Sah auf uns herab, meistens stumm, mit diesem Mundwinkel. Der ist geblieben. Merkwürdig. Ob die das nicht richten können? Diese Verachtung. Das wird sie gewollt haben. Wahrscheinlich haben sie ihr ihre eigenen Strümpfe angezogen, eine Nummer zu groß und zuletzt auch noch diese verstärkten Altfrauenstrümpfe gegen das Venenleiden. Gesagt hat sie nichts. Wir wußten nichts. Sollten wir wohl nicht. Sie hat uns gezeigt, daß sie dieses Gesicht mit in den Tod nimmt. Wir bleiben noch eine Weile. Wir werden uns unerbittlicher, noch unnachsichtiger beobachten müssen, damit uns dieses Gesicht niemals aus dem Spiegel anblickt.

Vielleicht wollte sie uns warnen.

Lisa Lilienthal

Mutter Gott

Mutter wo bist du?
In meiner Kirche finde ich dich nicht.
Im Buch der Bücher verschüttet
bist du zwischen die Zeilen gerutscht.
Nur mit der Lupe ent-decke ich deine Spuren.
Herr Vater ist immer präsent,
all-gegenwärtig, all-wissend, allein -
ein-seitig mit Sohn und Geist.
Un-heil ist er - arm ohne dich,
verstümmelt von frommen Männern,
die Glauben vor-schreiben:
Der Sohn gezeugt vom Vater mit sich selbst -
aus dem Vater geboren vor aller Zeit.
Mutterloser Sohn -
du Ärmster der Armen!
Bis Maria dich noch einmal empfing
vom heiligen Geist
und dich menschlich gebar.
Maria - kaum, daß du vor-kommst
in meiner mutterlosen Kirche!

Mutter, ich suche dich!
Im Namen Gottes,
des Vaters und der Mutter,
des Sohnes und der Geistin
suche ich dich überall!
A M E N !

Nehmet einander an...

Wenn das so einfach wäre!
Oft macht die Angst
vorm Anderssein uns eng.
Vielleicht gelingt ein Miteinander,
und ein Zusammensetzen,
wenn wir zuvor uns
aus-ein-an-der-setzen
mit uns, und mit dem Fremden.

Vielleicht können wir dann
auf-einander-zugehen -
ohne auf-einander-loszugehen,
oder links liegen-zu-lassen -
miteinander reden,
auf-einander hören,
von-einander lernen,
an-einander anknüpfen.

Vielleicht gelingt es,
uns füreinander einzusetzen,
einander zu achten -
genauso, wie uns selbst -
ohne einander gleich zu machen.
Gott nimmt alle an, darum:
Nehmet einander an,
gleich wie ihr angenommen seid.

* aus: "Morse-Zeichen" Buchverlag Andrea Schmitz

Katharina M. Mattich

Sehe zu!

Schau zurück
und denke nach!
Nicht was gewesen,
was wird ist wichtig.
Baue wie die Vögel
irgendwo dein Nest
und wenn es wird zerstört,
bau es wieder auf!
Laß den Kopf nicht hängen,
schreite stolz voraus;
irgendwo am Wege,
findest du - ein Zuhaus.

Wenn du es gefunden hast,
lasse die Zufriedenheit
sein - dein willkommener
steter Gast.
Nicht ewig trauern
um das, was du verloren.
Sehe zu, daß
in deinen Kindern
du selber wieder
wirst geboren.

* aus „Gedanken im Schlepptau"

Hoffnung - meine Stärke

Ich habe warten und
schweigen gelernt,
Verlangen und Wünsche
beiseite geschoben;
nur eines habe
ich mir bewahrt:
Treu mir selber
zu bleiben und zu sein
und zu hoffen,
daß alles einmal
vorüber geht.
Daß es nicht immer so bleibt.
Zu hoffen, daß einmal
der Wind auch
von Süden weht.
Dann ist es vorbei
mit Frost und Kälte.
Ich verlasse das Lager,
bin wieder frei.

Ich kann sogar lachen,
auch fröhlich sein,
denn ich weiß,
wer hofft
ist nicht allein.
Ich male mir
die Zukunft aus,
finde in Gedanken
ein neues Zuhaus.

* aus „Hoffnung - meine Stärke"
(beide Bücher sind im Selbstverlag erschienen)

Ruth Meier

Meine unbekannte Insel

Im See meiner Gedanken
bilden sich Kreise
die sich fortpflanzen
bis zum Ufer
einer
mir unbekannten
Insel.

In Worte
gefaßte Gefühle
werden zu
sanften Hügeln -
Es gibt jedoch
auch schroffe Felsen
und tiefe Schluchten.

Sie ist schön
meine Insel.
Ich werde sie bepflanzen!

Harry Orzechowski

Mülleimer

Des Morgens
weint die Kleine
ihr die Ohren voll.
Das Kind möchte nicht in die Schule.

Vormittags
kommt die Freundin.
Der Mann verließ sie.
Sie schüttet ihr das Herz aus.

Mittags
weint die Große.
Sie erhielt schlechte Noten.
Die Kummertränen fließen in ihren Schoß.

Nachmittags
die Schwiegermutter,
der Sohn,
die Nachbarin
und abends auch der Mann.

All diese Menschen
schütten die Sorgen
in sie,
benutzen sie als Seelenmülleimer.

Sie lächelt voller Verständnis,
bleibt ein
glücklicher Mülleimer.
Sie weiß,
nur wenige genießen soviel Vertrauen.

Freunde

Ich hatte einen,
der half mir stets.
Von mir nahm er nichts
- aus Freundschaft -
machte mich so
zum Bettler.

Ich hatte einen,
dem half ich stets.
Er konnte nichts geben -
- nur Freundschaft -
machte mich so
zum Gönner.

Hast du Freunde?

Friederike Pommer

Sommerregen

Sommerregen fällt Anfang Juni
die Luft atmet schwer und feucht
feiner Duft erfüllt das offene Fenster
grünes, hohes Gras
frisch und kühl
rauscht und fällt
Tropfen perlen und rollen übers Blatt
Nadeln tragen silbrig durchsichtigen Schmuck

glänzt, tropft und fällt
seltsame Schwermütigkeit ergießt sich
füllt mein Herz
komm, komm, bald, jetzt
tropf, tropf, klopf
warte nicht auf die Ewigkeit
laß deine Gefühle rinnen wie Regen
leicht und gleichmäßig wie
Sommerregen fällt Anfang Juni.

Wildwüchsig schön

Um die schlafende Tote zu wecken
bedarf es eines Gedichtes
wenige Zeilen nur
das Leben ihr einzuhauchen
jeden Morgen
seit endlos langer Zeit
das traumlose Schweigen
zerwühlt ihr Haar
nachts wandert die Welt in ein garstig Verließ
der Wohlklang von Worten ins Sommerlicht stieß
flieh heimlich
wildwüchsig schön
betrau meine Seele
duftend Jasmin

Ingeborg Raus

Menschlichkeit

Menschen vom
Hohlweg her
mit staubigen Füßen
schwankend
unter der Last

das gleiche Schicksal
nur die Farben
der Nöte verschieden

wie das Leid
sich ausruht in
ihrer Nähe -

ihr geht alle durch
mein Gebet und
mitten im Winter
werf ich euch
Sterne zu.

Schweigezeit

Sprache, die nicht
mit Händen
zu greifen ist -
Schweigezeit.

So dicht am Leben
über die Tage fliegen
ohne ein Sterbenswort,

keine Wunden schlagen,
nur verstummtes Licht
und blaue Farbe im Raum,
unermeßlicher Himmel.

Schweigezeit
glasklar
bis zum Grund.

Freiheit

Atmen ohne Grenzen,
kein Widerstand
und ein Leuchten
in der Weite
der Freiheit

nicht tauschbar
mit allen anderen
Erinnerungen,
mit nichts was
gesagt werden kann

so leicht sich
in den Wind werfen,
wenn uns lautlos
Flügel wachsen.

Marianne Riefert-Miethke

Worte   *)   * in Video-book „Liebe ist Revolution"

Worte schießen
aus meinem Kopf,
greifen Erinnerungen,
nageln sie auf Papier.
Bilder steigen auf,
schweigen nicht länger.

Meine Worte wollen
Erstarrtes lebendig machen.
Worte
gießen die Lava
verschütteter Jahre
in Formen.

Ich reite auf Worten,
kühn.
Im Reich meiner Phantasie
bin ich Herrscherin,
und schaffe mir meine Welten.
Ich stehe auf Wellenkämmen.
Um mich herum sprüht die Gischt.
Fest halte ich die Zügel
und halte dem Tosen stand.
Wortberge wachsen aus Wassern,
stürmen den Wall aus Angst.
Ich halte mich fest
an meinen Worten,
spreche mir Mut zu,
um nicht unterzugehen -
in den Gewalten der Wasser.

Bettina Ruh

Dichter

Ich kann dir keine Antwort geben.
Ein Dichter ist kein Interpret des Lebens.
Ich kann dir aber einen Traum schenken...
einen Traum, den du vielleicht
leben kannst...

Hoffnung

Hoffnung -
was bedeutet dieses Wort?
Eine Zuflucht aus unseren Enttäuschungen,
ein neuer Anfang?
Ein gutes Schicksal,
das uns bei unserer Geburt
mit auf den Weg gegeben wurde,
um uns nicht aus
Verzweiflung sterben zu lassen?
Hoffnung -
wir brauchen dich!

Karin von Ruville

Der Garten

Eingegrenzt
von verwitterten Mauern
ist der Garten vor mir.

Nach oben offen
vom Wind berührt
leben die Bäume
dem Licht entgegen.
Wechselnde Wolken
vor der Sonne
verwandeln in Harmonie
die Farbspiele der Natur.

Auf der Mauer
allein ganz frei
singt
eine Amsel.

Ich sehe in den Garten
und in mir
löst sich
die verwitterte Mauer.
Ich lebe
dem Licht entgegen,
öffne mich für die Harmonie der Farben
und meine Seele
fühlt jetzt frei wie die Amsel.

Morgen wird ein Sommerhimmel ein anderer sein

Gestern
als wir gemeinsam einen Sommer erlebten
als wir uns trafen im Zeitgeschehen
als wir Gedanken und Gefühle
frei ließen
war der Himmel hoch und blau.

Gestern danach
als wir an einem gemeinsamen Sommer dachten
an die Verzauberung die uns am See umfing
an unsere Empfindungen
die sich im Schattenland unserer Kindheit trafen
verdunkelte sich der Himmel.

Zwischen gestern und heute
als du nach diesem Sommer einfach gingst
als du die Erinnerung meiner Kindheit mit dir nahmst
als die Verzauberung zerbrach
fiel über mich
aus dem Himmel Schnee.

Zwischen gestern und morgen
wenn dieser besondere Sommer mich leiser berührt
wenn ich die Kästen am Fenster bepflanze
wenn neue Verse entstehen
weiß ich
morgen wird ein Sommerhimmel ein anderer sein.

Astrid Schäfer

Der erste Teddybär

Ein Kind, zwei Jahre alt,
bekommt den ersten Teddybär,
es spürt ihn warm und weich,
fühlt Sicherheit
in seinem Pelz

umarmt ihn, weint in ihn hinein,
träumt mit ihm wunderschöne Träume -
es schenkt dem Bär
sein ganzes Herz,
nicht leben kann es ohne ihn,
der treu und jederzeit
beherzt
es liebt und auch
verteidigt
und ein Leben lang
begleitet

der warme Pelz
die Sicherheit
Gefühle aus der
Kinderzeit

Bettina Schmahl

Glaube (für Else)

Stell dir vor, jeder von uns ist
eine Welle im großen Meer.
Man kann keine herausnehmen.
Eine allein ist bedeutungslos.
Wir bewegen uns in der Begegnung.
Wir sind im Verbund.
Hab keine Angst, wenn du dich
dem Ufer näherst.
Sobald du ans Ufer schlägst,
gehst du in eine neue Materie über
und dort werden wir uns treffen -
eine Welle lang!
Das ist das Leben - ein ewiger Kreislauf.

Der Glaube versöhnt
mich mit dem Tod, der dem Herbst
näher als dem Frühjahr.
Im Herbst schaue ich auf
zum Himmel -
im Frühjahr schaue ich auf
die Erde.
Trost ist nicht ohne Glaube
zu bekommen - wie das Glauben
gehört die Zuversicht zur Welle
und beides zusammen zum Leben.

Wir werden uns begegnen -
im Wasser des Lebens, als Regentropfen oder als frische Brise
auf dem Meer;
Beginn und Endstation,
ewige Bewegung!

Christa Schmitt

Mein Messer
(nach Wolfgang Weyrauch)

Mein Gedicht
war mein Messer
tapfer geführt
gegen Unterdrückung
Haß und Gewalt

heute:
nicht erst mein Gedicht
schon mein Wort
ist mein Messer

Wort
gesprochen
voll Zärtlichkeit
schönste Botschaft

Wort
gesprochen
voll Haß
gallig und bitter

Wort
gesprochen
als Unwort
voller Verachtung

nein
nicht mein Gedicht
schon mein Wort
ist mein Messer
blindlings geführt
verletzend
tödlich

Fremd

Wie ein Fluß
durch die Wüste fließt
und sein Wasser behütet vor der Unbill
wie solch ein Fluß
ein Fremdlingsfluß
gehe ich meinen Weg durch die Stadt
und hüte mein Blut

peregrinus
lernt mein Sohn Olcay
lernt meine Tochter Meral
peregrinus peregrina peregrinum
der die das Fremde
so lernen sie

aber:
der Rechtlose
der Schutzlose
der Unterdrückte
der Gehaßte
der Mensch unterster Klasse
das lernen sie nicht
das fühlen und leiden sie

Wenn ich
wie ein Fluß, der sein Wasser behütet
trotz der Unbill der Wüste
wenn ich so durch die Stadt gehe
meinen Weg
muß ich es hüten
mein Blut

Doris Scholz

Gedanken aus dem Bauch

Gedanken aus dem Bauch - plötzlich, heftig, intensiv - sie stören, verhindern die gewohnten Abläufe, das Funktionieren wie von selbst, an das wir uns schon so sehr gewöhnt haben. Elefanten im Bauch - trampeln das tagtägliche Gewohnheitsmuster aus tausendundeins Pflichten, Verantwortungen, Arbeiten, Plänen, Zielen und Begrenzungen kaputt. Machen aufmerksam, lassen keine Ruhe, keine Wahl, zwingen zu erkennen, das da noch was war...

Da waren wir. Einmal waren da nur wir. Was davon ist übriggeblieben, was hat die Welt, was wir selbst heil gelassen? Auf der Jagd nach dem großen oder kleinen Glück zigfach gehäutet, Kanten abgeschliffen, sich zurechtgebogen für die eine oder andere Form, weil keine auf Anhieb und wie maßgeschneidert passen wollte... und was auch immer wir von uns verlieren, wir werden es außerhalb unseres Selbst suchen. Suchen in den Augen des Geliebten, suchen in Erfolgen oder der Anerkennung von Menschen, die uns im Grunde gleichgültig sind. Suchen und Finden im Befolgen der Spielregeln, in der Anpassung und Ausnutzung der gegebenen Umstände. Wir erobern uns die Welt, entdecken neue Länder und Planeten, wir forschen und lernen - und scheinen uns dabei Stück für Stück zu verlieren.

Dann melden wir uns wieder. Ganz plötzlich, ohne Vorwarnung - auf einmal merken wir wieder, daß wir mehr sind, als ein mehr oder weniger funktionierender Menschenautomat. Wir haben uns arrangiert und geformt - und auf einmal fühlen wir tief in uns mehr, als wir zulassen können. Eigentlich wunderbar.

Doch was machen wir? Fliehen - treten die Flucht nach vorne an. Es gibt noch so viel zu tun! Liegengebliebene Arbeit zu erledigen, Anrufe, Termine... und schau doch mal, was im Fernsehen kommt. Wenn das nicht reicht, dein inneres Stimmchen zu übertönen, probier's doch mal mit einer Techno-Disco, mit Squash oder Jogging bis zur Erschöpfung. Lauf so schnell du kannst - lauf weg von dir selbst. Dreh die Musik auf, damit du dir nicht zuhören mußt. Mach was, tu was... du bist dir immer auf den Fersen, furchteinflößend nah.

Ist ja gut. Irgendwann wird es schon wieder still. Selten mußt du so starke Geschütze auffahren, um dein kleines inneres Stimmchen wieder in die entlegenste Kammer deiner Seele zu scheuchen. Es ist ja ohnedies schreckhaft. Kein Problem für dich.

Wenn da die Nächte nicht wären. Die ruhigen Stunden mit diesen Gedanken aus dem Bauch. Hörst du ihnen zu, werden sie dich verwirren, vielleicht ängstigen, aber auch faszinieren. Und - zuweilen, ob du es glaubst oder nicht, hast du dir wirklich etwas zu sagen. Etwas, was du noch nicht weißt. Oder vergessen hast. Sie werfen dich hin und her - letzten Endes zurück auf dich selbst.
Was daran so schrecklich ist, wirst du nur erfahren, wenn du dich hingibst. Laß los.

Gaby Scholz

Glücksmomente

So wie ich im Liegestuhl ruhe,
ruft ein Lächeln auf meinen Lippen.
Hier im Sonnenschein,
während vereinzelte, wattehafte Wolken
am strahlenden Himmel dahinsegeln,
blendendweiße Schwäne schwerelos
im spiegelnden Himmelblau
des Starnberger Sees ihre Kreise ziehen,
durchströmt mich sanft ein Gefühl.
Es nennt sich: Frieden.

Mein Blick fällt auf die von Kindern
gesammelten Wiesenblumen.
Duft eines Sommers, der angenehm schläfrig macht.

Der schönste Tag im Leben

Sie waren vollzählig beim Italiener eingekehrt, der komplette Französischkurs. Es war das erste Mal, daß sie nach dem Unterricht gemeinsam ausgingen; aber vielleicht war es auch das letzte Mal, da das Semester endete.
Gähnende Leere herrschte im Restaurant. Ein ebenso gähnender Ober im fleckigen Oberhemd kritzelte die Bestellungen auf einen Block. Peter bestellte Bier. Seltsam, dachte Christiane, Bier, obwohl er sonst die französische Lebensart so pries. Die ältere Dame mit dem schwierigen Nachnamen, den Christiane sich bis heute nicht merken konnte, orderte Kamillentee.
Die anderen, einschließlich Chris, tranken Rotwein.

Chris beobachtete ihre Mitstreiter in Sachen französischer Sprache. Obgleich sie sehr unterschiedlicher Herkunft waren, hatte der Kurs allen großen Spaß gemacht. Sie prosteten einander zu, besprachen, wer sich für die weiterführenden Lektionen anmelden würde. Sie redeten wie Schulkinder durcheinander. Die zweite Runde Getränke wurde bestellt. Unauffällig sah Chris auf ihre Armbanduhr. Hoffentlich hatte der Babysitter alles geschafft. Dann müßten ihre Kinder mittlerweile eingeschlafen sein.

„Und was ist mit dir?" sprach Peter Chris an.

„Verzeihung, ich habe gerade nicht zugehört", antwortete sie.

Wir wollen wissen, was dein schönster Tag im Leben war. Mein schönster Tag war, als mein erstes Cabrio vor der Haustür stand!" Obwohl er sicher bald seinen vierzigsten Geburtstag feiern müßte, so schätzte Chris, konnte er grinsen wie ein pausbackiges Kindergartenkind. „Und jetzt bist du dran!"

„Ach Gott", seufzte Chris, „befrag erst mal die anderen!"

Die ältere Dame mit dem komplizierten Nachnamen erzählte, ihr schönster Tag im Leben war der Tag, an dem ihr Ehemann gesund aus der Kriegsgefangenschaft nach Hause kam.

Karla berichtete, ihr schönster Tag war, als ihr rechthaberischer Chef tatsächlich zugeben mußte, daß sie, Karla, die Untergebutterte, im Recht war.

Claudia sagte, sie fände alle Tage gleich schön. Chris grinste. Claudia war seit kurzer Zeit Witwe.

Nun berichtete die Französischlehrerin Dominique, ihr schönster Tag im Leben sei gewesen, als sie 1986 zum ersten Mal in der Provence das Dorf Eze Village besuchte und dort auf einer kleinen Restaurant-Terrasse mit Blick übers Mittelmeer ganz Dame von Welt eine Tasse Tee für sage und schreibe fünfzehn Mark bestellt habe!

Allgemeines Gelächter. Hier beim heimischen Italiener war's doch billiger.

„Chris, du bist dran!" Peter schubste sie leicht mit seiner Schulter an.

„Also", fing Chris an. „Mein erster schönster Tag im Leben war, als mein Sohn Pascal geboren wurde!"

„Du hast 'n Kind?" Peter rückte ein wenig von Chris ab, um sie verwundert anzusehen.

Diese männliche Reaktion war Chris bestens vertraut. Wieso traute ihr eigentlich kaum einer ein Kind zu? Dabei brachte so was jede Feldmaus zustande.

„Ach, ein Sohn. Das ist ja nett!" sagte die ältere Dame mit dem schwierigen Nachnamen. „Aber, Sie sagten 'mein *erster* schönster Tag'. Was ist mit dem zweiten?"

„Also", fing Chris erneut an, „mein zweiter schönster Tag im Leben war, als mein Sohn Frédéric geboren wurde."

Peter guckte sie an, als wäre sie von einem anderen Stern. „Ich brauche noch ein Bier", murmelte er gespielt verzweifelt. Vermutlich hatte er gerade geistig durchkalkuliert, daß Kindersitze auf der Rückbank seines Cabrios seinen guten Ruf als Sunnyboy restlos ruinieren würden.

Dominique lachte. „Ich glaube, wir hätten uns zu Beginn des Kurses ausführlicher vorstellen sollen. Dann wäre Peters Überraschung jetzt nicht so groß!"

„Ach, zwei kleine Jungen! Das find' ich richtig nett!" jubelte die ältere Dame mit dem unaussprechlichen Nachnamen. „Aber, meine Liebe", neugierig beugte sie sich über den Tisch zu Chris, „gibt es noch einen *dritten* schönsten Tag in ihrem Leben?"

„Nun ja", sagte Chris nachdenklich. Sie konnte unmöglich zugeben, daß der dritte schönste Tag der Tag war, an dem ihr Ehemann zu seiner neuesten Flamme gezogen war. Sie überlegte. „Der dritte schönste Tag in meinem Leben wird sein...", an dieser Stelle machte sie eine kunstvolle Pause und schaute lächelnd in die Runde, „wenn meine beiden Söhne mich wieder verlassen werden!"

Ausgelassenes Lachen folgte, nur Peter meinte betont grimmig: „Ein Zustand, der sicherlich Jahrzehnte auf sich warten läßt."

„Junger Mann!" Streng erhob die ältere Dame mit dem komplizierten Nachnamen ihre Stimme. „Sie glauben gar nicht, was Kinder für Freude machen und wie schnell sie groß werden. Wenn ich da an meinen Benno denke..." Und dann dachte sie an ihren Benno und verstummte versonnen.

Alle blickten auf Peter, der sichtbar nachdachte.

„Das macht Mut!" sagte er entschlossen. „Du ... äh ... Chris, möchtest du vielleicht mal mit mir essen gehen?"

Die ältere Dame juchzte: „Der *vierte*, der *vierte*..."

Alle Blicke ruhten nun auf Chris.

„Ach ja, durchaus. Wenn ich für den Abend einen Babysitter finde..."

Hella Schneider

Tauwetter

Wundersam ist die Natur auf Gleichgewicht
Und Harmonie eingestellt.
Wir aber sind stets auf der Suche danach.

Schnee auf meiner Seele,
Schnee auf meinem Haupt,
Schnee in meinem Garten.
Den letzteren entsorgt der Frühling,
den mittleren trag ich in Ehren.
Doch der Schnee auf meiner Seele
Kann nur von einer Frau
Mit einem heißen Herzen
Fleckchenweise weggetaut werden.

Ich fand sie bei „Biby"*.
Viele Nachrufe habe ich gelesen:
„Wir vergessen Dich nie..."
Hielt oft nur so lange
Wie die Blumen aus Papier.
Doch den, der gehen mußte, zu bitten:
„Vergiß UNS nie!",
Verheißt ein Wiedersehen.
Dies war der heiße Tropfen,
Der eine Lücke in meinen Seelenschnee taute,
In der nun die kleine blaue Blume
Einer Hoffnung blüht:
Eine Freundschaft zu beginnen.

* Wintjes

Wo bitte,

Wo bitte ist hier das Schutzgebiet
Für Dichterinnen?
Sie sind vom Aussterben bedroht!

Ich finde in verschimmelten Worthülsen
Nur vertrocknete Erbsen.
Totgenutzte Worte
Wie abgebrannte Streichhölzer.
Quick-Mix von Begriffen,
Wortsalat, versalzen und verwässert.

Wo sind Sapphos Schülerinnen?
Habt ihr sie eingepackt, weggesargt?
Peter Pan's Schiff meiner Enkel
Habt ihr es abgewrackt?

Wer schreibt noch Verse,
Die das dicke Blut verdünnen,
Das dünne aber wärmen?
Wo bitte ist hier die Poetenschmiede?
Habt ihr sie abgerissen?

Wo bleibt der Denkmalschutz?
Ach, ich suche euch überall...
Wo mögt ihr sein,
Die mir am Lebensabend beweisen,
Daß es Arkadien noch gibt!

Das Erbe

Ich hab ein dickes Konto
Im Leben mir angelegt.
Wenn ich gehe, nehm ich es mit,
Das Sparbuch meines Seins.
Ihr könnt es nicht verleben -
„Erleben" rat ich euch, denn
Nichts kann von diesem Konto
Überwiesen werden an Erben.

Glaubt Ihr?

Und Worte - zählen Worte nichts?
Ich leb doch von den Zinsen,
Bin eins mit Zeit und Raum.
Worte - geschriebene Worte sind Schätze,
Gold und Silber - geschrieben - kaum.

Vor Mitternacht

Oh, wie lieb ich sie
Diese Stunde
Diese blaue Stunde
Diese unsere blaue Stunde!

Die wir vom Saum
Des blauen Sternentuches,
Mit dem wir
Den abgestorbenen Tag
Samt Horror und Terror
Unter dem Dornenstrauch begruben,
Abgeknöpft haben.

Diese
Stunde zwischen Träumen und Wachen
Vor Mitternacht, mit leiser Musik,
Einem Glas Rotwein
Und vielen Büchern,
Während die Geister des Hauses
Darauf warten, daß wir
Endlich zu Bett gehen.

Diese unsere blaue Stunde
Diese blaue Stunde
Diese Stunde -
Oh, wie lieb ich Dich.

Brücken-Schlag

Du bist begnadet, *mensch,* denn du hast das *wort.*
Komm, laß uns das Schlag-*wort* der anderen Meinung besiegen!
Ich nehme es in die Zange und halte es in das Feuer,
Lege es auf den Amboß, wenn es glüht.
Du aber nimmst den Schmiedehammer und haust drauf,
Daß die Funken sprühen!
Dann ist es dein *wort, mensch.*
Soll dir Schild und Rüstung sein.
Solange du das *wort* schmieden kannst,
Bist du weder sprachlos noch gelähmt!

Komm, *mensch,* wir wollen weiter schmieden.
Eine Brücke über den Fluß Ohnmacht.
Wir brauchen keinen Baumeister,
Keine Statikberechnungen,
Keine Verstrebungen.
Nichts wird starr, *mensch,* wenn dein *wort* dich trägt
Und in dir schwingt!
Laß den Ohnmachtsfluß ruhig deine Tränen
Ins Meer schwemmen. Eines Tages
Kommen sie zurück und wässern
Die Blumen deiner Phantasie.

Hörst du, *mensch,* das Rauschen des Flusses?
Ein Lied ohne *worte,*
Denn das *wort* ist nur dir gegeben.
Genau so, wie ein *wort,* mit oder ohne Absicht,
Zutiefst verwunden kann,
Bringt es dir auch Erlösung und Heilung.
Ich weiß, daß Wunden, die nicht ausbluten können,
Lange schmerzen und die Narben danach
Ewig spannen.

Doch nun komm, *mensch*,
Nimm Dein *wort* und trag es über deine Brücke.
Und wenn du drüben bist, hole sie ein
Wie ein Fallreep.
Laß deinen Urschrei los - „*wooort*"!
Hiß deine Flagge „*mensch & wort*"!

Auch wenn du, *mensch*, lernst
Zu verstehen und zu verzeihen -
Vergessen wirst du nie.
Ich weiß das aus bitterer Erfahrung,
Also spar dir die Mühe.

Denk mal, *mensch* - du bist auserkoren
Von vielen, mit dem *wort*
Die Welt zu bereichern, sogar zu verbessern!
Denkmäler zu setzen,
Phantasie und Realität zu verquicken,
Hoffnungen zu wecken,
Trauer zu lindern.
Klar, *mensch*, daß du besonders dünnhäutig bist.
Stähle Dich!
Aber verrate niemandem,
Wo das Lindenblatt
Zwischen deinen Schultern liegt.

Trotz allem, bleib offen, *mensch*,
Denn es kann sein, daß auch die,
die anderer Meinung sind,
Versuchen, auf ihre Weise Brücken zu bauen,
Um dich zu erreichen.
Wenn du aber deiner eigenen Botschaft treu bleibst,
Bleibst du auch in der Gnade, denn

Dein ist das *wort, mensch*!

Die Trägerin

Laß mich deinen Krug
Mit unseren Worten füllen,
Ehe du ihn stolz auf dem Kopf
Über deine Brücke trägst,
Ans andere Ufer.

Sag denen drüben, du trügest Wein,
Dann werden sie zufrieden sein.
Und dich bringen lassen
Die Botschaft
Vom Frieden auf Erden.

An den keiner glaubt
Und den jeder erhofft.
Gedicht um Gedicht
Bringen wir vielleicht
Die Welt ins Gleichgewicht?

Karl-Heinz Schreiber

Menschen brauchen wir

hat einer gesagt ich brauche dich ich könnte gar nicht mehr ohne dich hat einer geschworen und ist in die politik gegangen und hat seinen wählern erzählt ich brauche euch und sicher braucht ihr auch mich haben die wähler ihm einmal geglaubt hat ihm eine frau auch nur einmal geglaubt hat er zu vielen menschen noch was wollt ihr denn was beunruhigt euch denn ihr wißt doch genau ihr braucht nur mich das sagt der metzger zum schwein vor dem abschlachten das sagt der folterknecht zum verweigerer wir brauchen nur soldaten und wir müssen nur stark sein und wir dürfen uns nur nichts gefallen lassen was sollten die menschen sonst tun was sollten sie aus der geschichte lernen was sollten sie sich gegenseitig sagen was sollten sie sich gegenseitig glauben **kein lächeln und kein händedruck und keine geste und auch kein** geschenk und kein guter wille und jede gelegenheit was ist denn noch zuverlässig die treue der entnervten im alltäglichen grabenkampf in der auseinandersetzung der ideologien und unheilslehren der glaube an alles unheimliche und nur erdenkliche erträumbare wie schält er sich aus der schnöden phantasterei in die reale banalität unverfroren aufdringlich aber nicht zu orten nicht zu identifizieren wie nachlässig das augenmerk auf die eigene befindlichkeit das eigene potential die eigene beweglichkeit hin zu den horizonten der erleichterung der eigenen kosmischen wahrheit ich brauche dich sagt so manch einer weil ihn die situation bedrängt oder reizt aber die momente sind zählbar und hin und wieder schändlich und nicht zu vermeiden ich brauche mich müßte manch einer öfter sagen ohne sich nur nach außen zu orientieren sich auf andere zu berufen es gibt keine hilfe die man sich nicht selbst gewähren könnte ich brauche dich und ich brauche die welt und ich brauche das leben und ich brauche meine geduld und mein aufbegehren und ich brauche die menschen die mir helfen können nicht zuviel zu brauchen

Till Louis Schreiber

Erica

Der Herr Mitte Fünfzig mit der randlosen Brille sah kurz von seiner Zeitung auf, in die er sich zuvor über eine Stunde vertieft hatte, registrierte zwei, drei weißgraue Möwen auf der Wasseroberfläche und las dann weiter.

Die Dame neben ihm mit dem giftgrünen Badeanzug und den drei Speckrollen an Bauch und Hüften nahm die Möwen nicht zur Kenntnis, obwohl sie keine Zeitung las und die ganze Zeit über auf das Wasser blickte, aber anscheinend interessierte sie sich nicht für Möwen.

Ein halbwüchsiger Junge träumte von einem blonden Mädchen mit schulterlangen Haaren und saphirblauen Augen, das er noch nicht kennengelernt hatte, und schaute dabei ebenfalls auf das Wasser, und zwar in dieselbe Richtung wie die Dame im giftgrünen Badeanzug, allerdings in einem Abstand von etwa zwanzig Zentimetern nach rechts versetzt.

Daneben konzentrierte sich ein noch alleinstehender Herr um die Dreißig auf die weißen Schaumkronen der Wellen, darauf, wie und wo sie sich bildeten und wie sie sich wieder auflösten.

Die ältere Dame neben ihm mit der türkisgrünen Badehaube hatte offensichtlich gerade ein Bad hinter sich, denn auf ihrem leicht ausgemergelten Körper glitzerten Wassertröpfchen im Sonnenlicht.

Auch sie hatte ihren Blick aufs Meer gerichtet.

Daneben saß ein alter Mann, der sein Unterhemd anbehalten hatte, aus Angst, er könne sich trotz der hohen Sonnentemperatur und des trockenen Klimas eine Erkältung zuziehen. Seit seinem fünfundsiebzigsten Geburtstag war er empfindlich geworden und ging auch nicht mehr ins Wasser, sondern sah es sich nur noch an.

Die beiden Schwestern mittleren Alters daneben schauten auf einen Schoner, der am Horizont langsam vorbeisegelte, und zwar die eine Schwester auf das Heck und die andere auf den Bug, um sich nicht in die Quere zu kommen, denn sie waren nach so vielen Jahren des Streites müde geworden.

Die Badegäste der zweiten Reihe betrachteten durch die Lücken zwischen den Liegestühlen der ersten ebenfalls jeder für sich das Meer, und die Badegäste der dritten Reihe desgleichen durch die Lücken der zweiten und ersten.

Nach einer Woche kam Erica. Die Eltern hatten ihr mit einer orangefarbenen Klammer die Haare hochgesteckt. Sie schaute mit ihren lichtblauen Augen nicht aufs Meer, sondern auf die Badegäste am Strand, ging durch die Reihen der Liegestühle, lächelte jeden an und stellte ihre Puppe mit Namen vor. Daraufhin wandte sich der alte Mann im Unterhemd an die ältere Dame mit der türkisgrünen Badehaube und machte eine Bemerkung über das Wetter, die beiden Schwestern sprachen wieder miteinander, wobei sie das Thema 'Erbschaft' geflissentlich vermieden, der noch alleinstehende Herr fragte den halbwüchsigen Jungen, ob es seines Wissens im Dorf eine Diskothek gebe, und der Herr Mitte Fünfzig fragte die Dame im giftgrünen Badeanzug, ob sie schon die Altstadt mit den vielen Gäßchen und den mittelalterlichen Häusern gesehen habe.

Siegfried Schüller

Vielleicht

Vielleicht
bringen Menschen
die verändern wollen
was sie nicht ertragen können
es fertig
zu ertragen
was sie nicht ändern können

wenn sie nicht lieben.

Jutta Schwarz

Brücken

Über den
Abgrund führen
die Brücken,
die du mit
eigener Hand
erbaust aus
Antworten, die
nur du selbst
dir geben
kannst.

Der Aussteiger

Der Mann geht durch den leise versinkenden Tag auf die Anhöhe zu, wo das alte Haus auf ihn wartet. Ab und zu bleibt er stehen, dehnt seinen schmerzenden Rücken und wischt sich mit dem Handrücken den Schweiß aus den Augen. Er geht zügig, obwohl seine Beine ihn kaum tragen und sein Herz hämmert, daß er fast keine Luft bekommen. 'Der Großstadtmief sitzt mir immer noch in den Knochen', denkt er und lächelt, denn da ist eine Kraft in ihm, die ihn aufrecht hält, ihn weitertreibt, bis er oben ist. Noch einmal streckt er seinen Körper, atmet tief, setzt sich auf die morsche Bank vor dem Haus und lehnt sich zurück.

Eine ganze Weile sitzt er so, dann wendet er sich dem Jungen zu, der ihn fassungslos betrachtet. Der Mann hat niemanden erwartet nach den Stunden mühsamer Arbeit in der flirrenden Hitze des Nachmittags, und schon gar nicht diesen Jungen, der in eine Zeit gehört, die er längst abgestreift hat. Und nun, da er ihn sieht, wie er da sitzt und ihn anstarrt wie einen Geist, wartet er auf ein Gefühl der Ablehnung und wundert sich, daß er nichts dergleichen empfindet.

„Ich hätte sie nicht wiedererkannt", sagt der Junge.

„Das kann ich mir denken."

„Es geht ihnen gut?"

Statt zu antworten, fährt der Mann mit beiden Händen unter seine Achseln, über seinen nackten Oberkörper und dreht dann die schweißnassen Handflächen nach oben. „Weißt du, was das ist, mein Junge? Das ist Schweiß. Ehrlich erarbeiteter, dampfender Schweiß. Lebenssaft, der dir klarmacht, daß es dich gibt, daß du bist, verstehst du? Du brauchst nicht mehr, aber auch nicht weniger."

Der Junge erholt sich langsam von seinem Erstaunen. Er lacht. „Sie sehen vielleicht aus-".

Der Mann stimmt in sein Lachen ein. „Ja, ich bin schmutzig und ich stinke. Meine Fingernägel sind schwarz, an meinen Schuhen klebt Erde und meine Hände haben Schwielen. Aber glaub mir, ich habe mich nie besser gefühlt. Es hilft mir sogar, dich zu ertragen, wie du siehst. - Schau ihn nur an, diesen Körper. Ich habe ihn einmal gehaßt, diese Masse aus Fleisch, Fett, Haut und Knochen, die mich dazu zwang, dorthin zu gehen, wohin sie alle gingen, um ihre Bedürfnisse zu befriedigen, mich vollzustopfen mit Dingen, die einem Hunger und Durst aufdiktierten und die am nächsten Tag, wenn ich Glück hatte, als stinkender Brei wieder aus mir herausquoll, oder mich tagelang aufblähte und mich schmerzhaft daran erinnerte, daß ich ein Mensch war, einer mehr unter all den anderen, denen ich zu ähneln verdammt war.

Auch meine Seele habe ich dafür gehaßt, daß sie auf dieses jämmerliche Etwas, meinen Körper angewiesen war. Ich wäre gern ein Stern gewesen, ein Lied im Wind oder eine Blume, irgendwo weit draußen, wohin kein Mensch seinen Fuß je setzt, oder ein Baum, dessen Krone sich in den Wolken verliert.

Nur fort von diesen Massen, die nichts anderes tun als sich mit Essen, Trinken und Gefallsüchteleien zu betäuben, um ihren Geist zu töten, vorausgesetzt, sie haben überhaupt einen. All diese dumpfen Gesichter mit ihren leeren Blicken und dem nichtssagenden Geschwätz, das ihre blutleeren, verkniffenen Münder ausspucken wie erbrochene Galle, ihre derben Hände, die mit schleimigen Polypenfingern alles an sich reißen, worauf diese amputierten Gehirne Anspruch zu erheben sich das Recht nehmen, ohne daran zu denken, was sie damit zerstören, ihr vergifteter Atem, der sich wie ein Leichentuch über dieses zum Sterben schöne Leben breitet, ich haßte sie, weil sie nicht sahen, was ich sah, nicht hörten, was ich hörte, nicht erkannten, was ich erkannt hatte.

Auch euch haßte ich, diese Jugend, die ich Tag für Tag unterrichten mußte, die ihr euch so intelligent dünkt, die Elite, die ihr keinen Deut besser seid als die Alten, die sich nicht weniger klug vorkommen. Es grauste mir bei dem Gedanken, daß ihr einmal an den Schaltstellen der Macht sitzen würdet und diese Welt euch ausgeliefert sei auf Gedeih und Verderb. Nicht zuletzt ihr habt mir bei meiner Erkenntnis geholfen."

„Wir? Was hätten wir dazu beigetragen?"

„Mehr als du ahnst. Sieh mal, mein Junge, ich wußte es, als ich so vor euch stand, an mein Pult gelehnt, wie jeden Tag, als ich euch sitzen sah mit euren Marken-Shirts, euren Jeans, die ohne Label nichts taugen, eure gleichgültigen, mitleidlosen Blicke vor Augen, die nächste Pause ersehnend, in der ihr euren trivialen Gelüsten nachgeben konntet. Überall wart ihr anzutreffen, vor den Gebäuden, wo ihr schmatzend eure Kalorienbomben verschlungen und eure pseudo-intellektuellen, mit Speichel und Essensresten vermischten Wortsalven verschossen habt, weiter hinten, den Blicken der Aufsicht verborgen, eure Joints in euch hineinzogt, oder in den Büschen, im Gerätehaus oder auf den Toiletten, wo ihr euch fast zu Tode vögeltet.

Nein, warte, vögeln ist wohl nicht der richtige Ausdruck. Das käme ja einer Beleidigung der Schöpfung gleich. Vögel, das sind Geschöpfe des Himmels, im

Einklang mit der Natur lebend, statt ihr wie Vampire den letzten Blutstropfen auszusaugen. Laß es mich bumsen nennen oder ficken, was meinst du? Egal, mit Liebe hat es jedenfalls nichts zu tun, es sei denn, daß sie nach Lust und Laune austauschbar ist. Aber was hat heutzutage überhaupt noch mit Liebe zu tun, außer all dem, was du hier um dich siehst?

Während ich also vor euch stand, eure kalten Blicke auf meinem Gesicht und die geilen, gierigen der Mädchen, die ihre Titten auf die Tische legten und sie anboten wie pralle, überreife Früchte, während sie darunter ihre Beine spreizten und sich im halben Orgasmus die Lippen wund leckten, vor allem die geilen Blicke dieser Bestien, die mir die Hosen vom Leib rissen, um zu sehen, ob sich darunter etwas regte, dieses Lauern auf die kleinste Schwäche - was siehst du mich so an, mein Junge, ich bin kein Eunuch - und dann der Triumpf, daß sie Erfolg hatten, daß ich einen Steifen bekam, während ich krampfhaft versuchte, euch das beizubringen, wovon ich selbst noch nicht einmal wußte, ob es jene Wahrheit überhaupt gab, an die zu glauben ich, ohne mein Zutun, bereits begonnen hatte und die alles infragestellte, was ich bisher gedacht und getan hatte, nun, während ich so dastand und mich reden hörte und meine eigenen Worte in meinen Ohren rauschten, wie die Wellen einer ungeheuren Sintflut, da auf einmal habe ich es gewußt.

Du wirst dich erinnern, daß ich meine Bücher in meine Tasche gepackt und den Raum verlassen habe. Und glaub mir, ich war bei vollem Verstand, als ich dies tat. Kurz und nüchtern habe ich mir überlegt, ob ich in mein Auto steigen und alles über den Haufen fahren soll, das sich mir in den Weg stellt und am Ende mich selbst gegen einen Brückenpfeiler. Aber dann habe ich mich anders entschieden. Ich trieb zwar dem Irrsinn entgegen, aber ich war von einer perversen Lust besessen, dieses Gefühl auszukosten. Ich wollte den Becher leeren bis auf jenen kleinen Rest, den ich vielleicht am Ende brauchen würde, um die richtige Dosis Gift darin aufzulösen, zu einem Zeitpunkt, den ich bestimmen würde.

Der letzte Ausweg, wenn ich mit diesem anderen, neuen Ich nicht zurechtkam, meinem so plötzlich erwachten Bewußtsein, etwas Besonderes zu sein und doch auch wieder gleichzeitig ein Nichts, das dennoch nicht Nichts genug war, um sich der grausamen, zerstörerischen Maschinerie, die sich Menschheit nennt, zu verweigern, und meiner quälenden Sehnsucht, mich daraus emporzuheben. Ja, mein Junge, so ist es gewesen und ich weiß nicht, ob sich in eurer Welt etwas geändert hat oder ob sich je etwas ändern wird."

„Die Jungen könnten es vielleicht -"

„Du bist einer von ihnen."

„Ich habe nachgedacht. Und nicht nur ich -"

„Das ist gut. Aber sei ehrlich, mein Freund, wenn du sie fragst, was sie von ihrem Leben erwarten, dann sehen sie dich an, als hättest du sie nicht alle. „Kohle, natürlich", werden sie dir antworten. Und wenn du bis dahin noch die Absicht hattest, ihnen zu sagen, daß dies der Anfang vom Ende ist, schon immer war, daß es Wichtigeres gibt, dann läßt du diese Absicht schnell wieder fallen, weil du weißt, daß jedes Wort verschwendet ist. Sie gehen zu Tausenden auf die Straßen, weil sie gegen Gewalt sind, sie tragen Lichter durch die Dunkelheit, nur nicht durch ihre eigene und schwingen salbungsvolle Reden von „Peace". Das ist immer gut; denn wer will schon Krieg in einer Zeit, in der es nichts als Kriege gibt, überall wohin du blickst und gar nicht so weit von dir entfernt; das größte Schlachtfeld findest du in dir selbst. Außerdem ist es gerade „in". Und es ist „in", „in" zu sein, nicht wahr? Wer will sich da ausklammern? Niemand. Niemand möchte allein sein, als wäre Alleinsein eine Krankheit. Lieber rennen sie alle hintereinander her wie eine Herde Vieh, wie Lemminge, die sich in den Tod stürzen, wenn einer damit anfängt, keiner weiß, warum. Vielleicht stimmt es, daß sie einfach nur dumm sind. Ich jedoch glaube, daß es Feigheit ist; denn es gehört eine Menge Mut dazu, anders zu sein, und das ist etwas, das der Jugend ganz und gar abhanden gekommen ist. Mut, eine eigene Meinung zu haben, einen Weg zu gehen, den ihnen keiner vorgeschrieben hat. Mut, allein zu sein mit sich und seinen Gedanken, die vielleicht nicht immer die einfachsten sind. Ja, da ist es schon besser, mit den anderen zu heulen und zu demonstrieren gegen alles und jeden, und friedlich, das vor allem, obwohl es kriminell ist, immer friedlich zu sein.

Anschließend gehen sie nach Hause, stopfen sich die Bäuche voll, obwohl sie doch gerade erst auch gegen den Hunger losgezogen sind, kaufen teure „In-Klamotten" und schlagen dem Nächstbesten, der ihnen in die Quere kommt, eins in die Fresse, mit einer Kaltblütigkeit, die dir das Blut in den Adern gefrieren läßt. - So, mein Freund, jetzt weißt du, wie ich die Sache sehe. Verstehst du mich nun?"

Der Junge sitzt da mit gesenktem Kopf. Sein Blick ist ernst. „Sieht so aus, als hätten sie ihre Antwort gefunden", sagt er leise.

Es ist dämmrig geworden. In den Bäumen verflüstert sich ein spielerischer Wind, wie glühende Magma fließt der Himmel über die Gipfel der Berge, davor das

Dorf im wolligen Gefieder seiner Gärten ruht. Der Mann legt seine Hand über die Augen und umfängt mit trunkenem Blick das weite Land zu seinen Füßen, den Wald und die Ferne, die Mulden und Höhen, die satten Felder und die glühenden Berge und lauscht dem Gesang der Lüfte in der abendlichen Stille.

„Ja, mein Junge", sagt er nach einer Weile, „ich habe sie gefunden."

Morgen würde er das Scheunendach reparieren. Dann konnte er daran denken, das Heu einzubringen. Wenn die Zeit reif war, wollte er über die Hügel zum Bauern hinunterwandern und über den Kauf einer Kuh verhandeln. Ein paar Hühner wären auch nicht schlecht, wegen der Eier. Später dann vielleicht ein Pferd, das man vor einen Wagen spannen konnte.

Und ab und zu diesen Jungen an seiner Tür begrüßen, der nun langsam durch den vergehenden Tag zu Tal schreitet, und der in ihm den Glauben geweckt hat, daß noch Hoffnung ist.

Erika Sedelmaier

kreativität

ist es der tag
den ich suche
oder die nacht
mit ihrer stille?
vermag ich die stunden
zu leben
die mich rufen und
die ich hören kann?
manchmal ist es
ein leiser laut
der mich berührt
der mich auffahren läßt
und hält
bis ich ihn wieder
aus mir herausgebe
gefärbt in meiner sprache
in meinen bildern und geschöpfen.
danach bin ich bald wieder leer
und doch bald wieder bereit
den tag zu suchen
die nacht und den laut.

Karl Seemann

Frieden

Frieden,
alleinzige Taube,
aufhellend Saatkorn
am Morgen,
Licht-Bündel,
im Wechsel verborgen
über deinem und
meinem Verhängnis,
Licht-Stern-Reis,
von der Sprache
geboren, verworfen
und angenommen
zugleich:
Frieden,
alleinziges Wort.

Marlena Skoula-Periferaki

Die Hände der Freundschaft *)

Wir,
zwei Früchte aus dem Keim der Erde
zwei Quellen des Wissens,
die sich bis zur Unendlichkeit vereinigen
zwei Seelen,

die die Oase des Glücks suchen
zwei unbekannte Soldaten,
vom selben Schicksal gezeichnet
erschöpft von den Kämpfen gegen den Tod
und die Schatten der Hölle
wir haben die Waffen des Hasses niedergelegt -
für jene des Friedens.
Wir,
zwei Funken von der Flamme der Völker
Glieder der Kette der Unterdrückung
zwei Blutstropfen,
die sich aus der Lava der Geschichte bilden
zwei Knospen,
die zwischen Kriegsruinen aufblühen
zwei Herzen,
überschwemmt vom göttlichen Nektar
zwei unbekannte Soldaten,
vereint im Leben
und durch die Zivilisation während Jahrhunderten -
wir haben einander die Hände der Freundschaft gereicht.
Stehend vor Gott
atmen wir dieselbe Luft,
trinken wir Wasser aus derselben Hand
und unter dem gleichen Himmel
streuen wir Rosenblätter
über den Weg der Zukunft,
damit der Frieden
darüberschreite.

Die Bürger Europas   *)

Europa,
ich habe einen Sonnenstrahl genommen,
um ihn dir ins Haar zu flechten.
Europa,
von allen Himmelsrichtungen
kommen
deine Bürger,
die Fahne ihres Landes in der Hand
und treffen einander
beim Festessen
der Götter.
Europa,
Flüsse, Farben, Nachtigallen
fliegende Amazonen mit ihrem Banner...
feinsinniges Theaterstück
am Anfang
des Einundzwanzigsten Jahrhunderts.
Europa,
Frieden,
Freiheit,
Gleichheit,
lebende Begriffe,
die die Menschen
und Epochen bewegen.
Bürger Europas
Strom von Gefühlen, Licht
und Leben
Erinnerungen
und Kühnheit
ewige Apokalypse.
Bürger Europas
die neue Konstellation am Himmel.

*) aus dem Französischen von **Carla Kraus**

Helgard von Spiegel

Melodien

Wenn Schnee
durch welkes Laub
an Bäumen
fällt
erklingen Schneelaubtöne
und Melodien ziehen
durch den Wald
der schläft
und sich auf Großes vorbereitet

Leere

Christliches Abendland
schwankt längst auf müden Füßen
zweitausend Jahre
sind ins Land gegangen
es scheint
als hätten sie die Botschaft
mitgenommen
die Christenhäuser leergefegt

nur dieses Suchen
noch zurückgelassen
und all die Fragen
auf die die Leere
keine Antwort weiß

*) aus „Gedichte", VBR Essen

135

Franz Staab

Drei Dinge braucht der Mann

Mein Vater hat immer zu mir gesagt, ein Mann bräuchte drei Dinge im Leben. Erstens, einen Arbeitsplatz, und zwar einen sicheren. Das mit dem Sicheren, das hat er immer betont. Er ist in dieser Beziehung sehr konservativ, muß man wissen. Oder besser ausgedrückt, er ist eben noch einer vom alten Schlag. Damals, zu seiner Zeit, war das ja noch ungeheuer wichtig, daß man einen sicheren Arbeitsplatz hatte..., natürlich, wegen des Geldes, alles war knapp. Nachkriegszeit, die Fünfziger, man wollte ein eigenes Haus, und so weiter und so fort. Aber auch wegen des guten Rufs, denn: Schaffste was, dann haste was, dann biste was, oder: Wer nicht arbeitet, dem gehört auch nichts, hat er mir immer erklärt. Und, wenn alle einer ehrlichen Arbeit nachgehen würden, dann würde es auch allen besser gehen, ja... Was er damit sagen wollte, es war einfach normal, daß jeder arbeiten gegangen ist. Selbstverständlich. Und wer nicht arbeitet, der ist halt ein Drückeberger. So einfach ist das. Er sieht das heute noch genauso: Arbeit gibt's genug!, und wer arbeiten will, der kriegt auch eine Arbeit. Ich bin immer noch arbeitslos.

Zweitens, ein gutes Bett. Man müsse immer gut schlafen können, meinte mein Vater. Denn wer nicht ausgeschlafen sei, der könne tagsüber, bei der Arbeit, auch nicht seinen Mann stehen. Und abends, nach Feierabend, könne man auch nicht seinen Mann stehen, wenn man kein gutes Bett hätte, was immer er damit auch gemeint hatte. So hat er das jedenfalls immer gesagt. Nicht zuletzt deshalb weiß ich noch gut, wie wichtig ihm das wirklich war, sein Bett. Wir durften als Kinder während des Tages nie in das elterliche Schlafzimmer gehen! Irgendwie war das tabu (wir, das sind übrigens meine Geschwister und ich). Nicht, daß es verboten gewesen wäre, auch nur einen Fuß in diesen Raum zu setzen, nein, meine Eltern hatten es einfach nicht gerne gesehen. Und das, wo wir doch so gerne in den elterlichen Betten rumgetollt sind, früher. Die waren so schön groß, ein richtiger Tob- und Turnplatz. Herrlich! Heute glaube ich, daß sie es genau deswegen nicht so gerne hatten, wenn wir im Schlafzimmer waren. Genaugenommen kann ich mich auch nicht daran erinnern, daß ich auch nur einmal die elterlichen Betten nach einer solchen Tummel-Rummel-Schlacht wieder gemacht hätte, dafür war ich auch noch viel zu klein. Aber überhaupt, für mich war, als Kind, das Herrlichste an Betten, daß sie der Platz zum Träumen waren... Hm, mich würde mal interessieren, ob meine Eltern auch geträumt haben, in ihrem großen Bett... Wenn mich meine Mutter abends zu Bett gebracht hat, habe ich mich immer schon vorher aufs Traumen gefreut. Ja, ja, das ist schon richtig so geschrieben, „traumen", ohne ä, ich habe als Kind immer traumen, anstatt träumen gesagt, daher. Das hat mir zumindest meine Mutter so erzählt.

Das Dritte, was ein Mann bräuchte zum Leben, sei eine treusorgende Frau, meinte mein Vater. Eine Frau, die für ihren Mann sorgt, den Haushalt macht und die Kinder erzieht. Die Kinder seien der Sinn im Leben, ließ er mich wissen, und das ginge nun mal nicht ohne Frau, das mit den Kindern. Ja, der Sinn im Leben, der kam dann immer ins Spiel, bei dieser dritten Sache, der Frau. Die ersten beiden Dinge, die ein Mann bräuchte im Leben, einen sicheren Arbeitsplatz und ein gutes Bett, würden überhaupt keinen Sinn machen, wenn man keine treusorgende Frau hätte, hat er immer gesagt. Den sicheren Arbeitsplatz könne man nicht halten, wenn zuhause keine fürsorgliche Frau die lästigen Alltäglichkeiten wie Wäsche waschen, Essen kochen usw., eben den Haushalt, erledigen würde. Dazu hätte man gar keine Zeit, alleine. Ganz zu schweigen von der Erziehung der Kinder, was ja der Sinn im Leben sei... Und ein gutes Bett, naja, was solle man mit einem guten Bett anfangen, außer zum Schlafen... mit einer Frau? Dumme Frage, ich weiß, trotzdem hatte mein Vater mir lediglich gesagt, daß das auch zusammengehören würde. Er hat mir das nie näher erklärt. Ich habe ihn auch nie genauer danach gefragt, muß ich gestehen. Mir war das einfach fremd... oder vielleicht auch, in gewissem Sinne peinlich.

Denn, meinen Vater nach dem zu fragen, was ich damals nur vermuten konnte, wäre mir nie in den Sinn gekommen, dazu war ich zu prüde erzogen worden... (Wie könnte mir so etwas in den Sinn gekommen sein, so etwas, naja, wie Sie jetzt denken, wenn ich doch so prüde erzogen worden sei, fragen Sie sich jetzt? Nun, die unterentwickelten Umstände zum Thema Sex in der Erziehung, während meiner Kindheit, konnten mich nicht daran hindern, schon sehr früh - wer weiß, vielleicht gerade wegen der Prüderie daheim - einer sogenannten Pausenhof-Aufklärung beizuwohnen). Also, ich denke es ist unschwer zu erraten, was ich vermutete, und mich nicht getraute, meinen Vater zu fragen: Ich vermutete natürlich, ob es wohl etwas damit zu tun hatte, daß sie sich lieb hatten..., meine Eltern. Denn das mußten sie ja, sie waren schließlich meine Eltern, und Eltern haben sich immer lieb. Warum nicht in einem guten Bett ganz besonders, schluß-folgerte ich. Auch seine Aussage, daß man nach Feierabend seinen Mann nicht stehen könne, wenn man kein gutes Bett hätte, half mir dabei, soweit zu kombinieren. Denn das irgendetwas stehen muß beim Mann, im Bett, mit einer Frau, soviel hatte ich mitgekriegt bei der Pausenhof-Aufklärung. Aber selbst das konnte ich nur vermuten, ich wußte ja trotz allem nicht genau, wie Erwachsene sich zeigen, daß sie sich lieb haben. Bei meinen Eltern weiß ich das bis heute nicht. Darüber wurde wirklich nie geredet. Erst als ich dann etliche Jahre später selbst meine ersten Erfahrungen mit der Liebe gemacht hatte, wußte ich darüber Bescheid, was mein Vater meinte - mit der Frau, dem Bett und dem Zusammengehören dieser beiden Dinge. Aber ich kann mir nicht vorstellen, daß das bei meinen Eltern so gelaufen war, wie es laufen kann, so eine Geschichte, denn soviel habe ich gelernt, in mittlerweile sieben Ehejahren, daß das mit den Frauen gar nicht so einfach ist, zumindest wenn man mit ihnen leben will, und nicht nur sie zum Leben gebrauchen will, als eines von drei Dingen. (Ganz davon abgesehen, daß die Männer von heute mit den Unbilden der Emanzipation zurechtkommen müssen. Ob dieser Zustand, bei allem Verständnis zur Gleichberechtigung der Frau, der schlauere ist, das wage ich zu bezweifeln, es kostet zweifellos mehr Nerven, zumindest uns Männern). Die Frauen von heute sind eben einfach anders, als die von früher. Womöglich bin ich auch ganz anders als mein Vater. Nichtsdestotrotz bin ich aber ein Mann..., und mein Vater hat gesagt, ein Mann bräuchte drei Dinge im Leben. Welche drei Dinge sind das wohl bei mir? Meine Frau? Mein Beruf? (den ich momentan nicht ausübe). Mein Bett? In der gleichen Reihenfolge allegorisch zu Glück? Zufriedenheit? Gesundheit?... Vielleicht hat mein Vater auch diese drei Dinge gemeint, als er mir erklärte, welche drei Dinge ein Mann bräuchte, im Leben... Was solls, ich bin es leid, darüber nachzugrübeln. Es ist Sonntagfrüh, meine Frau sitzt mir kaffeetrinkend gegenüber und liest die Zeitung von gestern, während ich hier sitze und mir Gedanken darüber machen muß, aus was heute abend, bei der Feier zum sechzigsten Geburtstag meines Vaters, meine Glückwunschrede bestehen wird... Die Welt ist eben nicht gerecht... Ich sollte gar nichts sagen, heute abend. Einfach sprachlos sein, das würde am ehesten meinem Naturell entsprechen. Ganz davon abgesehen, daß es am einfachsten wäre! Aber, es hilft alles nichts, es gibt eben Dinge im Leben, vor denen kann man sich nicht drücken. Oder doch?...

„Bernd, schenk mir doch bitte noch eine Tasse Kaffee ein, ja... und, sag mal, hast du dir eigentlich schon Gedanken darüber gemacht, was du heute abend erzählen wirst?" Beates Stimme erschreckte mich weniger, als der Inhalt ihrer Rede. Ist das Gedankenübertragung?, dachte ich mir, während ich brav zur Kaffeekanne griff und meiner Frau noch einen Kaffee einschenkte.

„Beate, welche drei Dinge braucht ein Mann im Leben?", unterbrach nun ich meine, noch immer in der Zeitung versunkene Frau.

„Ha, welche drei Dinge braucht ein Mann im Leben?!...", antwortete sie mir, nicht ohne einen gewissen Ton von Sarkasmus der Stimme. „...frag mich mal, welche drei Dinge DEINE Frau demnächst braucht!", fügte sie schlagfertig hinzu, womit ich unser Frühstücksgespräch allerdings noch nicht beendet sehen wollte: „Du hörst mir überhaupt nicht zu, es interessiert dich überhaupt nicht, ob ich mir schon Gedanken darüber gemacht habe, was ich heute abend erzählen werde...", provozierte ich nun meine Frau. Sie leitete ihre Retourkutsche mit einem gequälten Seufzer ein: „Bernd, es ist Sonntagfrüh, ich habe im Gegensatz zu dir eine anstrengende Woche hinter mir, ich muß dir nicht erklären, daß in meinem Geschäft zur Zeit die Hölle los ist, ja! Ich hatte dich nur danach gefragt, ob du dir schon Gedanken darüber gemacht hattest, was du heute abend erzählen wirst...", sie hatte ihre Augen inzwischen von der Zeitung weg direkt auf mich gerichtet. Gereizt über ihre Lesebrille hinwegblickend fuhr sie fort: ..." und du überhörst meine Frage ganz einfach, ohne mit der Wimper zu zucken. Und das, obwohl deren Inhalt einer unbestreitbaren Wichtigkeit für dich und einer gewissen treusorgenden Notwendigkeit meinerseits dir gegenüber ja wohl nicht entbehrt. Und stattdessen wiederum wurmst du mich, ganz ernsthaft, mit langweiligen, philosophischen Selbstanalysen. Was soll ich dazu noch sagen?"

„Na, zum Beispiel: Glück, Zufriedenheit, Gesundheit!", erwidere ich wie aus der Pistole geschossen, „... sonst nichts, das hätte vollkommen genügt!" Nun schenkte ich mir einen Kaffee ein. Beate legte die Zeitung jetzt weg und stützte sich mit ihren Ellbogen auf die Tischkante. Sie setzte ihre Brille ab und schaute mich an. Sie hatte Ringe unter den Augen. Seitdem sie für unseren Lebensunterhalt sorgte, hatte sie sich sehr verändert. Sie war viel ernster als früher. So wie sie aussah, meinte man gar nicht, daß sie auch noch eine Mutter sein könnte, eine Karrierefrau. Sie hatte unsere Tochter seit drei Tagen nicht mehr gesehen. Nadine lag noch im Bett und schlief. Sie würde nachher aufstehen und artig ihre Mutter begrüßen. Ich würde ihr einen Gutenmorgenkuß geben und ihr das Frühstück machen, ganz der Hausmann, der ich war. All diese Gedanken schossen mir in Sekunden durch den Kopf, während meine Frau mich mit ihrem müden Blick musterte.

„Willst du mich glücklich und zufrieden und gesund machen, ja...?", vollkommen irritiert vernahm ich ihren letzten Satz. Beate ließ mir keine Zeit für eine Antwort, sie nahm meine Hand und beendete unser Frühstücksgespräch: „... komm, laß uns ins Bett gehen!"

Sabine Stern

Zähl mich nicht dazu

I. Zähl

Es ist nicht leicht für mich, davon zu erzählen. Eigentlich wollte ich meine Entdeckung nie bekanntgeben. Aber das ist nun nicht mehr wichtig. Es begann, als ich mich eines Tages in der Schule mit zweiunddreißig Mitgefangenen in den Klauen dieses Systems fand. Ich weiß nicht, ob es mit dem Mathematikunterricht zusammenhing, daß mich die Erkenntnis traf, oder ob ich ohnehin auf dieses Prinzip gestoßen wäre, das mich Zeit meines Lebens gefangen hält. Mengenlehre. Der Lehrer ließ mit Kreide große Ellipsen an der Tafel entstehen, die sich zum Teil überschnitten. Einer der Kreise hatte einen kleineren sogar ganz verschluckt. Nie mehr danach hatte ich die Worte des Lehrers gründlicher aufgesogen. Es war schrecklich. Ein Apfel war nicht etwa nur Apfel, er konnte zur Menge der grünen Äpfel oder zur Menge der roten Äpfel gehören, darüberhinaus konnte er in die Mengen Streuobst oder Fallobst fallen und war in jedem Fall Obst. Ich verstand. Es gab also eine Menge der Schüler an diesem Gymnasium. Sie beinhaltete die Menge der Schüler meiner Klasse, und diese wiederum die Menge der Jungen. Ein Mädchen kicherte und hatte nichts begriffen. Der Lehrer ereiferte sich in Schnitt- und Teilmengen, und ich fühlte, wie mir jeglicher Boden meiner bisher gelebten Individualität entzogen wurde.

II. Zähl mich

Seitdem denke ich darüber nach, was ich eigentlich bin. Bis dahin hatte ich mich zu den ganz normalen Kindern gerechnet. Ich beschloß, schnell erwachsen zu werden, um dieser Zugehörigkeit zu entfliehen. Schwieriger wurde es bei all den anderen willkürlichen Zuordnungen, denen ich mich plötzlich ausgesetzt sah. Ich gehörte zu den besten Schülern, aber ich war unsportlich und somit Teil der Menge der Schüler, die gute Noten hatten, außer in Sport. Ich bekam mein Pausenbrot nicht von zuhause mit, sondern mußte es mir am Kiosk besorgen, was auch viele andere Schüler taten, denn sonst hätte es den Kiosk nicht gegeben, oder umgekehrt. Egal was ich tat oder was ich ließ, es stempelte mich zum Angehörigen der einen oder anderen Gruppe. Und Gruppen waren sich einig,

Gruppen waren stark. In einer Gruppe gab es keine Individuen. Gegen die Abschaffung des Kiosks hatten vor drei Jahren die Schüler protestiert, die sich dort mit Essen versorgten, und die Abschaffung wurde abgeschafft. Die Gruppe hatte Macht, die ich allein durch meine Zugehörigkeit stärkte. Dieser Dynamik wollte ich mich entziehen, indem ich die Schule schwänzte. Leider hatte ich vergessen, daß ich zur Menge der Kinder meiner Eltern gehörte, und diese waren mit meiner Verweigerung nicht einverstanden.

III. Zähl mich nicht

Mit sechzehn war ich aus der Kirche ausgetreten, mit neunzehneinhalb aus der Schule. Vereine buhlten vergeblich um meine Gunst. Alle Sparbücher bei Genossenschaftsbanken hatte ich aufgelöst, Werbung von Diners Club landete ungelesen im Müll. Ich eröffnete ein Vermittlerbüro für alles mögliche und nichts bestimmtes und lebte so mehr recht als schlecht. Nie hatte ich versucht, mir einen Freundeskreis aufzubauen. Die Anrede 'Lieber Pflanzenfreund` auf einer Packung Tulpenzwiebeln führte dazu, daß ich meinen Garten abgab und sämtliche Topfpflanzen verschenkte. Das Finanzamt hielt mich für einen 'sehr geehrten Steuerzahler', und ich überlegte, ob ich die Zahlung verweigern sollte. Ich entschied mich aber dagegen, um mir nicht die Chancen bei meinem Prozeß, in dem ich um die Aberkennung meiner Staatsangehörigkeit kämpfte, zu verscherzen. Die Verhandlung war ohnehin aussichtslos, da kein Staat seine Bürger in die Staatenlosigkeit entläßt. Als Kompromiß liebäugelte ich mit einer Einbürgerung in die Schweiz, die ich als neutralen Staat noch akzeptieren konnte. Da stellte sich heraus, daß ich, da ich unehelich geboren war, statt der Staatsangehörigkeit meines Vaters die meiner Mutter bekam. Nun gehörte meine Mutter einem dieser Staaten an, die nach den politischen Umbrüchen und Wenden nicht mehr existierten. Da ich meine Papiere nie vom Nachfolgestaat verlängern ließ, wurde ich ohne mein Zutun endlich staatenlos.

In meinen kühnsten Träumen entkam ich während einer Geschlechtsumwandlung dem Arzt vom Operationstisch, um so als endlich geschlechtsloses Wesen meine Neutralität weiter unterstreichen zu können.

Ich war so wunderbar zugehörigkeitslos, bis - bis ich diese Postwurfsendung von Greenpeace im Briefkasten fand. 'Wir sind alle Lebewesen'. In meinen Ohren klang das wie Hohn. Lebewesen, Lebe - Wesen, allein darüber nachzudenken, hat etwas Endgültiges. Ich werde aufhören müssen zu atmen. Ich werde aufhö-

ren zu leben. Ich, Ding auf einem Planeten in einem Sonnensystem irgendwo im Universum. Das muß im Moment genügen, und ansonsten:
Zähl mich nicht dazu.

Bettina Sternberg

Draußen gibt es keine Salzstangen

Montagmorgen. Ich erwachte ohne Zuversicht und mit der Erinnerung an einen schlechten Traum, richtete mich lediglich auf, um eine gute halbe Stunde auf der Bettkante zu verweilen, gefangen in körperlicher Bewegungsunfähigkeit und geistigem Stumpfsinn. Fühlte mich beinahe... tiefgekühlt und fragte mich, wie ich es jemals vermögen würde, mich zu erheben an diesem Tag. Ein gedanklicher Anstoß, der dazu erforderlich war, der entscheidende Impuls, der mich dazu veranlassen mußte, die Füße auf den Boden zu setzen und mein Gesäß von der Bettkante zu lösen. Den Körper zu straffen und ein paar Schritte zurückzulegen, zuerst einmal nur bis ins Bad und dann in den Tag hinein, ins Leben.
Wozu?
Die schwarze Wand war wieder drohend auf mich zugekommen, unmittelbar nach dem Klingeln des Weckers und hatte so lange nicht Halt gemacht, bis sie mich umgab und einhüllte in Dunkelheit.
Meinen Körper. Meine Seele. Und ich - ich konnte nichts dagegen tun, konnte nicht fliehen, weil ich erstarrt war in eben dieser Bewegungslosigkeit.
Irgendwann dann... fand ich mich tatsächlich im Bad wieder. Wie ein Roboter, wie ferngesteuert, stakste ich unfreiwillig in den Morgen, gedrillt auf Pflichtbewußtsein, Disziplin. Die Arbeit im Büro wartete, der Job, das feste Einkommen.
Die Spinne in der Dusche machte alles nicht besser.
Auf dem Boden der Kaffeedose war noch ein leichter, schwarzer Staub.
Einerlei, daß es Frühling wurde.
Begegnete nur mürrischen Gesichtern auf dem Weg zur Arbeit, leblos so wie meines, voller Unlust. Sicher, wer trat schon gerne seinen Dienst an - an einem Tag wie diesem. An einem Montag. Ihre Frisuren, ihre Kleidung so steif wie ihre Haltung. Roboter allesamt. Vielleicht hatten die Stumpfaugen, die Schmallippen an den Tagen zuvor das Leben neu entdeckt, vielleicht hatten sie die erste Radtour mit der Familie gemacht, mit Freunden den ersten Grillabend veranstaltet in diesem Jahr. Vielleicht war es ihnen dabei verdammt bewußt geworden, wie gekonnt man dieses Leben vergeudete, tagtäglich zwischen neun und achtzehn Uhr, gefangen hinter Schreibtischen, Verkaufstresen oder Hobelbänken. Vielleicht hatte

sie das alles einfach nur frustriert. Mein höchstpersönliches Wochenende war nicht einmal besonders angenehm gewesen, so daß ich ihm hätte nachtrauern können. Ich hatte den vergangenen Samstag, den Sonntag, eher vertrödelt, vergammelt, verschwendet, weil diese schwarze Wand bereits seit Tagen erschien, immer gleich nach dem Erwachen.

Als ich das Büro betrat, hatte die Neue schon ihren Platz eingenommen. Die Firmenleitung liebte es, Schach zu spielen, die Angestellten waren die Figuren, Bauer, Pferd und Dame, sie liebten es, zu setzen, um- und ver-. Ich jedoch wurde aus dem Spiel gelassen, im wahrsten Sinne des Wortes. Ich war einfach nur da, kaum bemerkt, und hatte mit denen da oben, mit den Schachspielern, nichts am Hut. Die spürten es und so hatten sie eben auch mit mir nichts am Hut und ließen mich einfach dort sitzen, wo ich saß. Sie ließen mir meine Ruhe, und sie ließen mich meine Arbeit machen, so gut es eben ging. Also sah ich sie lediglich kommen und gehen, die Menschen am Schreibtisch mir gegenüber, Bauer, Pferd und Dame, während ich verharrte, bereits seit sieben Jahren, in - oh ja, auch hier - Bewegungslosigkeit. Vor der Neuen hatte ich mein Büro mit Anja geteilt, ein, zwei Jahre lang. Wir hatten uns aufeinander eingespielt im Laufe der Zeit, und das erfordert Toleranz.

Über all die Jahre hinweg hatte das funktioniert. Mit Karrierefrauen, Techno-Miezen, Skinhead-Bräuten, Katholiken, Evangelisten, Zeugen Jehovas und auf der Gegenseite - mir. Über all die Jahre hinweg hatte das funktioniert.

Die Neue versuchte, mir ein Gespräch aufzuzwingen. Ich verspürte kaum Lust dazu, doch besaß ich heute sicher nicht die Kraft, um ihr das deutlich zu machen. Also wählte ich den Weg des geringsten Widerstandes, und ließ sie einfach reden.

Dabei fand ich sehr bald heraus, daß die Neue zu der Sorte der Kriecher gehörte, zu denen, die vorgaben, dem Chef unter vier Augen gehörig die Meinung gegeigt zu haben und sich dennoch die feuchten Hände an den Hosenbeinen trockenrieben, immer und immer wieder, und einen plötzlichen Harndrang verspürten, wenn derselbe zum Gesprächstermin rief und die dennoch die alljährliche Gehaltserhöhung kassierten.

Die Neue redete weiter und machte mir alsbald auch ihren persönlichen Standpunkt klar, der unter anderem besagte, daß sie Hardrock nebst dessen Liebhabern für krank hielte und Tätowierte für asozial.

Ich liebe Hardrock, und ich bin tätowiert und stellte fest, daß das harte Zeiten waren, die da vor mir lagen. Verspürte dennoch keinen Ärger. Da war ja diese schwarze Wand, und die ließ außer Trauer keine Gefühle zu.

Am Nachmittag sprach die Neue von Ehrgeiz und Perfektionismus, während ich verzweifelt nach einem eigens von mir verlegten Vorgang suchte. Ich war beileibe nicht geboren für diesen Bürojob, und manchmal tröstete mich der Gedanke, daß ich im Grunde meines Herzens eben Künstlerin war. Manchmal. Heute nicht. Die schwarze Wand. -

Ich träumte mich in den Abend hinein, den ich in abgedunkelten Räumen verbringen würde, bei Kerzenlicht und düsterer Musik, meine Depressionen zelebrierend, als Micha anrief. Ungebremst temperamentvoll und geradezu unerträglich gut gelaunt. Micha, mein Kollege und mein guter Freund. Micha erinnerte an die Einweihungsparty seiner neuen Wohnung, die am Abend ins Haus stand. Schluß mit dem Traum von abgedunkelten Räumen, Kerzenlicht und Depression. Party am Montag. Ja, ich gab zu, gequält zu klingen und mich auch so zu fühlen. Nein, ich wisse selber nicht, warum. Stünde eben irgendwie ... neben mir. Überlegte kurz, ob ich nicht auf der Stelle rasende Kopfschmerzen vorgeben sollte, um dieser Party zu entgehen, doch das würde Micha mir nachtragen bis an unser aller Lebensende, und dazu mochte ich ihn zu gern. Also gut, bis heute Abend und dann, ich freue mich, ich Heuchlerin.

Freude. Glück. Worte nur in einer Zeit wie dieser, in der mich schwarze Wände eingeholt hatten. Ich dachte darüber nach, was auch immer es vermögen würde, mich heute glücklich zu stimmen. Ein plötzlicher, unerwarteter Geldsegen? Der Mietvertrag für die von so vielen heißbegehrte Altbauwohnung in der Fußgängerzone etwa? Die Begegnung mit dem Mann meines Lebens, nein, niemals. Manchmal erfüllte mich der Gedanke, daß die Menschen, die ich liebte, meine Familie, wohlauf und zufrieden waren, mit einem Glücksgefühl, doch die schwarze Wand erlaubte das nicht. Diesmal nicht.

Am Abend Michas Party.

Unzählige Menschen würden anwesend sein, sicher, das hatten Feste nun einmal an sich. Menschen, die sich Michas Freunde nannten und auch meine. Die tatsächlich meine Freunde waren, doch sie wußten nicht, daß da manchmal diese schwarze Wand war. Ich hielt sie vor ihnen verborgen. Und so kannten sie nur die Stimmungskanone, Sternchen, immer gut drauf, immer positiv und immer zuversichtlich in die Zukunft blickend. Sie kannten nicht diese Gedanken über die Sinnlosigkeit meines, unser aller Seins. Sternchen war niemals depressiv und vergaß niemals das Lachen über all die Kriege in der Welt, die Folter, über all die Qual von Mensch und Tier, auf diesem Erdball. Ich spielte meine Rolle, wenn es denn erforderlich wurde, mit Bravour. Also würden sie mich fordern an diesem Abend, fordern über Gebühr, weil mir heute jedes Wort, von mir verlangt oder an mich gerichtet, jedes Lachen, zuviel erscheinen würde.

Ich verzichtete auf mein Ritual, das ich regelmäßig vollzog, wenn ich ausging am Abend. Kein heißer Rock'n'Roll, der mich in die Nacht geleitete, während mir der belebende Strahl einer Dusche auf den Körper prasselte. Kein Make-up, das Glanz in meine Augen und Frische auf mein Gesicht zauberte, und auch kein Stylen der Haare. Ich wechselte nicht einmal mehr die Kleidung und wählte den Weg über den Friedhof hin zu Micha, auch wenn der keine Abkürzung darstellte.

Als ich unten an der Tür klingelte, hörte ich sie oben bereits ausgelassen feiern. Fröhliche junge Menschen, sicher auch Kinder. Viele aus der Clique hatten bereits geheiratet und Kinder gezeugt. Ich mochte Kinder nicht besonders, besser gesagt, ich konnte nichts anfangen mit ihnen, und ich würde heute ganz sicher nicht damit beginnen.

In Michas Wohnung dann ereilte mich der Ansturm wie erwartet. Micha mußte mir sofort und auf der Stelle seinen Hobbykeller zeigen, seine Frau Steffi ihre High Tech-Einbauküche. Schimmi schilderte mir derweil den Verlauf des gesamten Bon Jovi-Konzerts, das er am vergangenen Abend besucht hatte und Olaf wollte unterdessen etwas über den Fortgang meines Erfolges als Schreiberin erfahren. Sie mögen dich, sie mögen dich doch tatsächlich, dachte ich, und ich hätte glücklich sein müssen darüber, doch - die schwarze Wand. Niemand schien etwas zu spüren, einmal mehr spürten sie es nicht, während ich mich für uncharismatisch, alt, ausgelaugt und häßlich befand und alles Elend dieser Welt auf meinen Schultern trug.

Nachdem ich Michas Hobbykeller und Steffis Küche angesehen hatte, vollends über das Bon Jovi-Konzert informiert war und etwas über den neuesten Stand meines literarischen Schaffens zum Besten gegeben hatte, setzte ich mich neben Andi, nein, neben Iris, nein, neben Meike, nein, neben Katrin, weil die das Allerwichtigste zu erzählen hatte.

Das Bier schmeckte nicht, obwohl Micha meine Lieblingssorte eingekauft hatte, und zu allem Überfluß saß mir dieses Kind gegenüber und starrte mich an. Ein kleines Mädchen, drei, vier Jahre alt. Sein blondes Haar war kurzgeschnitten. Es trug ein blaues T-Shirt und blau-weiß gestreifte Leggins, ein kleines Kettchen um den Hals und ein Armband um das winzige Handgelenk. Das sah niedlich aus, wirklich, doch dieses Kind würde vermutlich nicht mehr lange lediglich dort sitzen und mich unablässig anstarren. Es würde sicher alsbald sein Limoglas umstoßen und daraufhin einen Tobsuchtsanfall bekommen oder schrecklich zum Heulen anfangen, weil es keine Salzstangen mehr essen durfte. Schreiende Kinder, das mußte heute beileibe nicht mehr sein.

Ich betrieb tapfer Small Talk. Redete und lächelte mal in diese, mal in jene Richtung. Hörte zu und gab mir unendliche Mühe. Ich ließ sie nicht hinein zu mir in meine schwarze Wand, sicher nicht, steckte lediglich den Kopf heraus für ein paar Minuten, heraus zu ihnen in ihre Welt, die heute nicht meine war.

Als ich die Grenze der Belastbarkeit erreicht hatte, gab ich vor, eine Zigarette rauchen zu wollen, was dank Michas und Steffis Nichtraucherpolitik ausschließlich auf dem Balkon möglich war. Daß niemand mir dorthin folgte, konnte ich wahrlich nur einem glücklichen Zufall zu verdanken haben.

Ein einsamer, verlassener Stuhl stand draußen. Ich ließ mich auf ihm nieder und schaute mir die Gegend an. Ein Neubaugebiet, erst spärlich bewohnt, über dem die Sonne unterging. Micha und Steffi hatten sich hier eine Eigentumswohnung gekauft. Eigentum und Eigenheime, das war von Wichtigkeit im Leben. Hier, in diesem Neubaugebiet, schufteten sie, tagein, tagaus, um sich etwas Eigenes zu schaffen. Ein eigenes Heim, vier Wände eigens errichtet als Kultstätte ihrer Spießigkeit, ihres Kleinbürgertums und ihrer Blindheit. Schaffe, schaffe Häusle baue. Mit dicken Jalousien an den Fenstern. Fleißig, fleißig, immer wieder an die Arbeit. Um die Menschen zu vergessen, die nicht einmal ein Bretterdach über dem Kopf hatten, um nicht die zu sehen, die die Reste aus den Abfalleimern unserer Wohlstandsgesellschaft fischten. Eigener Herd ist Goldes Wert, also schuften, schuften, damit nicht einmal die Zeit blieb, um sich die Tagesschau ansehen zu müssen.

Ich hatte über meine Gedanken den Blick gesenkt. Als ich ihn wieder hob, schaute ich in ein Augenpaar. Blau und jung. Das Kind war mir nach draußen gefolgt und hatte die Gelegenheit genutzt, um mich weiterhin unverhohlen anstarren zu können. Besser gesagt, es schien mich eher zu betrachten, zu beobachten, so wie man ein interessantes, nie zuvor gesehenes Tier in seinem Tun studiert.

Da stand es also. Dieses Kind. In dem blauen Shirt und der blau-weißen Leggins. Und niemand außer uns zweien hier draußen.

„Na! Wie heißt du denn!"
Mein Tonfall hätte jede zartbesaitete Seele zum Erstarren bringen, jedes Kind zur
Flucht veranlassen müssen.
„Ich bin die Lisa!" Unerschrocken.
Knallblaue Augen. Offen, irgendwie offen, wer kann die Augen eines Kindes
beschreiben. Unschuldig, sicher. Unschuldig und arglos, dieses Kind wußte noch
nichts über Schmerz und Leid. Und so war es dann wohl auch diese Arglosigkeit,
die es nicht zum Rückzug veranlaßt hatte.
„Und wie heißt du?"
Verdammt nochmal.
„Sternchen".
Bettina hätte ihr sicher nicht so gut gefallen.
„Sternchen..." Lisa strahlte. Ich sah mich nach wie vor diesen Augen ausgeliefert,
diesen Augen, denen ich mich auf eine Art und Weise verpflichtet fühlte, weil sie
rein waren und klar und keine Lügen kannten und so fest in meinen lagen. Die-
sen Augen, die so neutral erschienen, daß ich lediglich mich selbst in ihnen sah.
Mich selbst und mein Leben und meine Seele.
Lisa. Sie war Violas und Schimmis Tochter.
„Weshalb... bist du nicht drinnen bei deiner Mutti und deinem Papa geblieben? -
Hier draußen gibt es keine Salzstangen."
Ihre kleine Hand streckte sich suchend nach meiner aus. Sie ließ mir keine Wahl.
Ich griff danach, ganz vorsichtig, um ihr nicht wehzutun, und wagte einen kur-
zen Blick durch meine schwarze Wand.
„Weil Sternchen traurig ist", sagte Lisa. -
Diese zarte, warme Hand in meiner.
Lisa trat noch ein wenig näher und hob mir die Arme entgegen. Das winzige
Kettchen an ihrem Handgelenk schimmerte dabei und ich sah, daß es ihren Na-
men trug.
„Du willst...?"
Sie nickte. Ich war nicht einmal mehr erschrocken oder entsetzt. Ich hob sie zu
mir hoch, auf meinen Schoß.
Lisas Augen, die die einzige Wahrheit dieser Welt in sich bargen, blickten noch
immer in die meinen. Die Wahrheit hieß Liebe. Ihre kleinen Finger strichen mir
das Haar aus dem Gesicht, tatsächlich, immer und immer wieder strichen sie
über mein Haar, spielten damit, und sie nahm den Blick nicht ein einziges Mal

aus meinen Augen.

„Sie ist nun einmal so, wundere dich nicht!" sagte Viola, die in den Rahmen der Balkontür getreten war, lächelnd.

„Sie ist ein sehr zärtliches Kind". Dann verschwand sie wieder nach drinnen, zu den anderen.

„Sternchen..." Lisa schlang die Arme und meinen Hals: „nicht mehr traurig sein."

Der schwarze Vorhang zerriß und das neu erblickte Licht schmerzte ein wenig in meinen Augen und benetzte sie mit Feuchtigkeit.

Lisa.

Da saßen wir also. Wange an Wange.

Und irgendetwas war geschehen.

Irgendetwas, was wir brauchen, damit schwarze Wände sich in Luft auflösen.

Oscar Stucky

Brücken

Eine Insel bauen und noch eine -
dazwischen Brücken.

Eine Liebe leben, die vergibt -
auf diesen Brücken.

Eine Hoffnung spüren, voller Licht -
mit diesen Brücken!

Ilana

Wie soll ich dir sagen, was ich empfinde,
was darf ich denken, da ich nun bin
wieder bei dir, wilder Garten?
Weit ab von dir hab ich empfunden,
was wir gefunden ohne zu sein.
Dort auch mit dir, wilder Garten.
Blumen und Sträucher wild und besonnen,
Schatten und Licht, düster und froh.
Steine die glänzen, Steine die wissen,
wilder Garten, gleichsam mit dir.
Darf ich dir sagen, was sie empfinden
Gärten die wilden, dort wo sie sind?
Menschen, die lieben Frieden auf Erden,
Blumen, die blühen wundersam bunt.
Steine, die leuchten gelblich im Licht.
Gärten die wilden, wo sie auch sind
immer und ewig, streben gemeinsam,
lautlos doch froh nach einem dem Höhern,
wo es auch ist.
Worte die fehlen es ihr zu sagen,
was sie empfinden Blumen im Licht.
Sag's wilder Garten da oder dort
Steine sie glänzen immerfort.
Shalom Ilana, Shalom.

Hirtenlied

Allein
- nicht einsam -
stand aufrecht
ein Hirt
und lauschte
stille dem Nachtlied in ihm
und hörte
Stimmen wie Engel in ihm
und wünschte
Krippe zu werden in ihm
und glaubte
ein Kind zu finden in IHM.

Annäherungen

annähern
mußt du dich dann
friedensengel
wenn
kinderhaar
in tränen klebt
wenn
hilfeschrei
im wind verweht
wenn
schlafes trank
zur neige geht.

annähern
willst du dich uns

friedensengel
so
augen blind
sich wiedersehn
und
flügel lahm
dann auferstehn
bis
kriegsgeschrei
wird untergehn

annähern
kannst du dich

Christian Sczesny

Vorwahlkampf

Wir versprechen allen
ohne Unterschied,
daß wir alle Ich's
auf ein Wir zusammen-
stauchen werden.
Wir alle zusammen
werden wie ein Ich
zusammenrücken, wenn es
um das allgemeine
Wir-Gefühl geht.
Wir sind wir -
und ich, das sind
die anderen.

Evelyn Szepan

Jahreswechsel

Ein Meer von Glockenklängen
überflutet Mutter Erde.
Raketen zischen durch nächtliche Gefilde,
sprengen die Dunkelheit einen Augenblick.
Entfalten sich zur Freude und Entzücken,
verglühen und sinken in die Nacht zurück.
Von jungem, ungezügeltem Temperament
schmettert Trompeten-Schall
durch's Feuerwerk und Knallbonbon,
weckt und ermuntert
auch die letzten Wintermüdgewordenen.

Gläserklingen
fröhlich begeistertes Gewirr von Stimmen:

„Entlassen wir dankbar das Alte!
Auf ein Neues!
Was wird es bringen?
Höhen, Tiefen?
Wer weiß?

Sei gegrüßt du Neues -
überschütte uns mit deinem Segen!"

Welch Vergnügen, dabei zu sein...
(für Lena)

Mit Lena Sandkuchen backen,
sie stückchenweise verschenken

auf der Schaukel schweben,
den Himmel berühren

spazieren durch Feld und Wald,
das Wachstum der Natur spüren

im Grase liegen,
die Vögel im Fluge verfolgen

den Wolken nachsehen,
der Vergänglichkeit nachtrauern

dem Murmeln des Baches lauschen,
bemerken, wie die Zeit dahinplätschert

hungrige Schafe füttern,
über ihr Wollkleid streicheln

unter dem Blätterdach des Baumes
den Sonnenstrahl einfangen

das Flüstern und Rauschen des Windes hören,
den Träumen bei Tag und Nacht nachjagen

das freudige Herzklopfen empfinden,
wenn Lena lacht.

Serap Tamer

Gedanken

sag mir etwas,
etwas, das ich nicht kenne.
Etwas über Glück
oder Zufriedenheit.
Sing mir ein Liebeslied
ohne Liebesleid.
Erzähl mir etwas,
etwas über ein Gedicht
in dem der Tod nicht vorkommt.
Sag mir etwas,
etwas über das, was ich suche
damit ich da suchen kann
wo ich nie gesucht habe.

Laß mich hören
von etwas, das ich nicht kenne,
etwas über Zärtlichkeit
oder Geborgenheit und Wärme.
Lies mir ein Märchen vor,
worin das wahre Leben
nicht vorkommt.
Laß mich einen Traum träumen
der kein Ende hat,
sag mir etwas,
etwas über den Sinn
meines daSEINS
damit ich
ICH sein kann.

Laß mich leben dort
wo die Lüge nur eine Illusion ist.
Laß mich schlafen dort,
wo die Ewigkeit zeitlos ist.
Laß mich aufblühen dort,
wo die Unendlichkeit beginnt.
Flüstere mir das Geheimnis zu,
über etwas, was ich nicht kenne,
damit ich da beginnen kann
wo ich nie angefangen
habe...

Übergang

du fühlst zärtliche Wärme
kannst dich nicht bewegen
du fühlst Schmerz, schreist
und schlägst die Augen auf
siehst Licht, suchst Geborgenheit...

irgendwann läufst du,
läufst unaufhörlich,
jetzt drehst du dich um
siehst den Reichtum deiner
Erfahrungen die du machen mußtest...

du blickst zurück und merkst
daß der Horizont, an welchem du
geboren wurdest, nur eine
handbreit von dir entfernt,
aber dennoch für immer
unerreichbar ist...

du merkst, daß die Jahreszeiten
immer wiederkehren, aber du nicht
zurück kannst, du erkennst die
Vergänglichkeit deiner Schritte,
der Berg ist hoch, sehr hoch
deine Seele schmerzt, du gehst weiter...

Irgendwann, wenn du deine Aufgabe
erfüllt hast und deine Schritte
langsamer werden, wird dein Leben
dir die Hand aus dem Dunkel reichen
um deinen Weg zu erleuchten beim
Übergang...

Horst Tepr

Spaziergang

Schlendern, nur schlendern,
vergessen die Zeit, kein
Ziel vor Augen, entdecken,
erreichen, verborgene Winkel
voll Anmut und Schick,
Romantik und träumen, Räume
des Glücks

Sehen, nur sehen
die Wunder der Welt, Menschen,
bekannte und fremde, spielende
Kinder am Straßenrand, Blumen,

die blühen, Wolken, die ziehen,
getrieben vom Wind

Reden, nur reden
ein liebes Wort, Alltagsgeschichten,
über das Leben, einfühlsam, sacht,
Liebe erleben in Worte gefaßt

Träumen, nur träumen
die Zeit, sie bleibt stehn,
heute und morgen, Glückssterne sehn,
rosa die Zukunft, glücklich die
Welt

Jutta Turowski

Adeline kommt der Frühling abhanden

Als Adeline - schlapp und müde - es schon aufgegeben hatte, an ein Kommen des Frühlings zu glauben, war die Sonne auf einmal da - kraftvoll und mächtig. Ja, sie überfiel Adeline geradezu, die noch fröstelnd in ihrem alten Wintermantel herumschlich.
Wie die Blattknospen sich auffalteten unter den wärmenden Sonnenstrahlen, so begann auch Adeline, sich aus ihren äußeren und inneren Winterhüllen zu schälen und wieder freier zu atmen. —"und alles war wieder einmal gut..."-
An diesem ersten Maiwochenende hielt es Adeline und ihren Ehemann nicht in der Wohnung, nicht in der Stadt - „es stand auch ihnen der Sinn in die weite, weite Welt..." Schon auf dem Wege zum Auto, das ja zum Mittler Stadt/Mensch/ Natur geworden ist, war es da: das Keimen, das Wachsen, das Grünen.
Da war die Birke vor der Sparkasse, die Trauerweide im Garagenhof, sogar die

Platanenallee... sonst immer bei den letzten. Adeline konnte ihnen geradezu beim Grünerwerden zusehen.

Im Wald war es ebenso: Innerhalb dieser drei Tage war der Wald aus einer bloßen Ansammlung von Bäumen zu einem freundlichen Aufenthaltsraum für Mensch und Tier, mit grünem Blätterdach und weiß-grün gemustertem Teppichboden, geworden.

Adeline fährt mit ihrem, dem Waldlauf verfallenen Ehemann zum Waldparkplatz. Allein schlendert sie dann zu „ihrem" Weiher.

Beim Nähertreten platschen schon ein, zwei, drei Frösche - die ersten dieses Jahres - vor ihr ins Wasser. Sie sind ihr zuvorgekommen, haben sich auf dem noch braunen, aber schon warmen Grase gesonnt.

Adeline tut es den Fröschen nach. Die Arme um die angezogenen Knie sitzt sie wohlig in der Sonne, „wunderbar berauschet". Sie sitzt einfach nur da - einfach so.

Dieses Hocken am Rande eines Waldteiches, dieses sich-hinein-Geben, dieses ein Teil-der-Natur-Sein, dieses sich-aufgehoben-Fühlen dauerte nur eine knappe Stunde, ebensolange wie die Laufstrecke des joggenden Ehemanns. Doch dann, schon auf der Heimfahrt, im Autoradio, überschlagen sich die Meldungen: Atomreaktor explodiert - in der Nähe von Kiew - eine Strahlenwolke zieht auf uns zu - Verhaltensweisen werden durchgegeben: keine Milch, kein frisches Gemüse, keinen Aufenthalt im Freien, im Regen - ebenso Strahlenwerte in bis dahin für den Normalbürger völlig unbekannten Meßeinheiten. Über allem immer wieder das Wort „Tschernobyl", nie gekannt, doch unheilschwanger, angstmachend.

Zuhause wird Adeline von ihrem kundigen Sohn weiter überschüttet. Er holt sie erbarmungslos herunter in die Wirklichkeit: diese Strahlen, wenn Adeline sie auch nicht sehen, nicht hören, nicht schmecken, nicht riechen und nicht fühlen kann, sie sind aber da; dieses Strahlen - einmal in zig Jahren, einmal im Kreislauf der Natur, einmal in der Nahrungskette des Menschen. Sie sind eine, so noch nie dagewesene Bedrohung des Menschen und des Lebens auf der Erde.

Zu den Ängsten und Zweifeln kommen noch Vorwürfe: „wie wir die Welt doch so herrlich weit gebracht hätten..."

Die Maiwolken 1986, die so malerisch am „blauen Himmelszelt dahinwanderten", die für Mörike noch zu „Flügeln" werden konnten, sind vergiftete Wolken, vom Menschen vergiftet. Sie tragen radioaktive Strahlen mit sich, für Adeline zwar noch nicht tödlich, vielleicht aber für Adelines Kinder und Kindeskinder. Die ihr so lieben, so vertrauten Frühlingslieder und Frühlingsgedichte, ihre Frühlingsgefühle stimmen nicht mehr.

Was ist mit dem „blauen Band", den „linden Lüften" geschehen? Kann sie jemals wieder, wie Lenbachs Hirtenknabe, auf dem „Frühlingshügel" liegen? „Duften die Linden nicht mehr unsterblich"? Gilt nicht mehr „das Vergessen der Qual", das „vom neuen Leben"? Gilt nicht mehr Gottes und Noahs Bund: „Es wird nicht aufhören Saat und Ernte, Frost und Hitze, Tag und Nacht"?

Noch angefüllt vom Erleben am Froschteich ahnt Adeline etwas vom Ausmaß der Bedrohung der Erde durch die Atomspaltung, auch durch die friedliche Energieerzeugung, nicht nur durch die Bombe. -

Ein Grauen erfaßt sie.

Wie der Dichter schreit sie verzweifelt der Rättin, die im Roman allein überlebt, entgegen: „Noch gibt es uns Menschen..."

Sie fühlt wie der Zauberlehrling im Gedicht, der „die Geister, die er rief, nicht wieder loswerden kann", und schreit voller Entsetzen nach dem „Meister" - hoffend, daß es diese Kraft gibt, außerhalb jeder dichterischen Fantasie und höher „denn alle menschliche Vernunft".

Lange kann Adeline nicht einschlafen, erst allmählich kommt sie zur Ruhe, kommt zu sich selber.

Es gibt Hoffnung! Es gibt sie ja immer noch: die Frauen. Zu allen Zeiten, bei allen Völkern, in allen Religionen hatten Frauen ihr eigenes Wissen, ihre eigenen Fähigkeiten, Leben weiterzugeben und Leben zu bewahren, Wissen und Können, das sich nicht in Parametern messen läßt. Und das ist heute nicht anders.

Sarah Kirsch nennt ihren zweiten Gedichtband „Zaubersprüche" und empfiehlt ihn Hexen als Fachliteratur.

Wie Persephone jedes Frühjahr aus der Unterwelt hinauf zu ihrer Mutter Demeter kommt, und wie in jedem Frühling die Muttergöttin mit dem Sohn die Heilige Hochzeit feiert, so beschwört Ulla Hahn in jedem Jahr neu den Frühling in ihrem Gedicht „Schneller".

Wer weiß noch von der „Sophia" des Alten Testaments? „Der Herr hat mich schon gehabt im Anfang seiner Wege, ehe er etwas schuf, von Anbeginn an. Ich bin eingesetzt von Ewigkeit her, im Anfang, ehe die Erde war..." Sophia, die wissende Weise hatte „Lust an den Menschenkindern": „Öffentlich am Wege steht sie und an der Kreuzung der Straßen; an den Toren der Stadt ruft sie: O ihr Männer, euch rufe ich und erhebe meine Stimme zu den Menschenkindern! Merkt, ihr Unverständigen, auf Klugheit, und ihr Toren, nehmet Verstand an! Hört!"

Die junge Sklavin aus dem Griechenlager legte Penthesileas Hände an ihr Gesicht: „Komm zu uns. Zu euch? Was heißt das? - Ins Gebirge. In den Wald. In die Höhe am Skamander. Zwischen Töten und Sterben ist ein Drittes: Leben."

Hildegard von Bingens Visionen sind noch heute gültige Weisheiten und längst vertont. Hört nur hin!

Sappho singt immer noch - hörbar (hört nur hin!) ihre Liebeslyrik und gibt Antwort auf die Fragen unserer Zeit. Hört nur hin!

Sie sagen es uns, die weisen Frauen! Und sie haben Töchter, die gelernt haben und - noch lernen.

„Kybele, hilf!" Wie Christa Wolfs Kassandra, die trojanische Prinzessin, die Seherin, die Priesterin des Apollo, als sie keinen Ausweg mehr sieht, Troja vor dem Untergang zu bewahren, so ruft auch Adeline im Dunkel der Nacht: „Kybele, hilf!" - sicher mit vielen Frauen, bewußt oder unbewußt - Frauen vor ihr, Frauen nach ihr. „Kybele, hilf!"

Haus „Sappho"
Samos 1985

M. Horvath

Günter Ungar

Gedanken

Das Licht,
wie all die Schattenseiten des Lebens
gehören eng zusammen:
Das eine wie das andere auch
gewinnt durch's Gegenüber,
macht all den Sehenden deutlich klar,
was einerseits ein Leben ohne Schlaf und Muße,
ins ständig grelle Licht gesetzt,
gebiert,
was andererseits das nur im Schatten Dasein
bringt hervor:
Wahnsinn und Eitelkeit, schlicht:
Den Tor.

Blind

Blind geboren
siehst du bald,
daß Sehen
nicht auch
wissend macht;
vielmehr bleiben
Fühlen, Ahnen,
Sehnen, Wollen, Hoffen,
Grundstein aller
Sehenskraft.
Nimm immer deshalb
dich in acht,
vor unbefragten Werten!

Percy Usleber

Der Ballonfahrer

Frank mußte staunen. Das Gefühl von Fernweh war ihm bisher fremd gewesen. Er schaute wie versteinert zum Himmel. Dort sah er diesen Heißluft-Ballon nunmehr nur noch als einen winzigen Punkt am Horizont entschwinden. Sein Sohn Paul stand noch immer neben ihm. Er hatte soeben seinen besten Freund verloren. Onkel Karl war ein sonderbarer Kauz gewesen und lebte zurückgezogen in einem alten Haus, wo er die verrücktesten Sachen sammelte. Für die Kinder war sein Haus ein beliebter Treffpunkt. Und dies lag nicht nur an den schönen Dingen, die er gelegentlich an die Kinder verschenkte, nein - Onkel Karl konnte auch die wunderbarsten Geschichten erzählen. Frank mußte leise lachen. „Wie sonderbar er in seinem Fliegerkostüm aussah", dachte er bei sich. „Im Grund war er hier nicht wirklich zu Hause." Und was verband ihn, den dreißigjährigen Familienvater, noch mit diesem Träumer. Vielleicht nur noch Pauls Plüschbär, der früher einmal ihm selbst gehört hatte. Auch dieser Spielkamerad hatte eine Geschichte.

„Siehst du den Bär dort im Regel?", fragte er Frank, als dieser mit neun Jahren seinen Laden besuchte. Er zeigte dabei auf einen braunen Plüschbär. „Er ist hier sicher nicht unglücklich, doch im Land seiner Heimat hatte er es viel besser! Natürlich lieben ihn die Puppen an seiner Seite, wie wir alle ihn sehr mögen, aber wirkliche Freunde besitzt er keine. In seiner Heimat gab es viele Spielkameraden - und die haben ihn nicht nur gern gehabt, sondern auch verstanden. Begreifst du das?", fragte Onkel Karl leise. „Sie wußten, wann er traurig war!", sagte Frank. „Ja, und auch, wann er sich froh und heiter fühlte, und wann er allein sein wollte!" „Das ist schön, aber ist es denn auch wirklich wahr?" „Das Schöne ist immer wahr!", sagte Onkel Karl betont streng. Und dann hatte er Frank den Bär geschenkt. Einfach so - ohne wenn und aber, genau wie er jetzt in seinem Luftschiff davonschwebte. Frank schaute noch einmal seinen Jungen an und auch den braunen Plüschbär, den er in den Hand hielt - *sein* Bär.
„Er möchte frei sein!", sagte Onkel Karl nur, als er ihm mit 14 Jahren seinen Spielkamerad wieder wegnahm. „Wenn du Ted wirklich lieb hast, läßt du ihn gehen!"

Für ihn war Ted etwas Besonderes, nicht jeder durfte ihn besitzen. „Aber er hatte es doch so gut bei mir gehabt!", sagte Frank ganz traurig. „Genau wie der König in meiner Geschichte, und dennoch verließ er eines Tages sein Schloß!"

Es war einmal ein weiser König, der herrschte über ein Land, weiter als der Flug einer Schwalbe im Frühling und schöner als zweitausend Nachtigallen singen können. In diesem Reich gab es keine Armut - jedermann lebte glücklich und zufrieden, die Bauern bestellten jedes Jahr ihr Feld, viele Handwerker arbeiteten fleißig und taten sich redlich, den Menschen ein Wohlgefallen zu tun. Doch lebten sie alle in der großen Stadt Hanapur und entlang des großen Stromes Upal, der sie durchfloß. Niemand kannte die unendliche Weite des Landes, die steilen Berge im Osten, höher als eine Ziege klettern konnte, und die Tannenwälder, deren Dichtheit ewige Nacht versprach. Sie kannten auch nicht die Wüsten aus Sand, so rot wie Feuer.
Eines Tages aber wurde der König des Herrschens müde. Er wollte mehr als nur immer sein Schloß sehen - mehr als nur die Stadt, wo jedes Haus und jede Gasse ihm vertraut war. Also befahl er die klügsten Handwerker der Stadt zu sich und sprach: „Baut mir ein Boot, doch soll es nicht schwimmen, sondern fliegen, so hoch wie der Kranich!" Lange stritten diese klugen Leute, wie so ein fliegendes Ding aussehen sollte: „Einen Schlitten, gezogen von des Adlers Kraft", sprach einer. „Nein, ein Haus aus Federn, getragen vom Gevatter Wind", ein anderer. Und während sie so miteinander feilschten und beratschlagten, kam leise ein kleines Kind in den Saal, in der Hand hielt es einen Luftballon. Da endlich ging allen ein Licht auf. Und so bauten sie einen herrlichen Ballon. Damit ist dann der König weggeflogen.

Noch lange konnte man einen leuchtenden Punkt am Himmel sehen, und viele Menschen folgten zu Fuß ihrem König - in eine ungewisse Zukunft. Denn vor langer Zeit waren ihre Urahnen ein Volk von Nomaden gewesen. Endlich konnten sie weiterziehen.
Frank war ganz in die Geschichte versunken. Er bemerkte kaum, daß Onkel Karl wieder zu sprechen anfing. „Das Wichtigste vor jeder Ballonfahrt ist der Ballast. Du mußt genügend liebgewordene Dinge mitnehmen. Sie werden dich immer an deine Freunde auf der Erde erinnern!" Die Worte des Ballonfahrers klangen leise und geheimnisvoll, wie von einer anderen Welt. „Doch wenn du oben bist,

scheue nicht davor zurück, unnötigen Ballast wieder abzuwerfen. Dies ist das Schwerste von allem. Aber nur so kommst du dem Himmel näher!"

Langsam, und jeden Schritt genießend, gingen der Vater und der Sohn nach Hause. Und während die Dunkelheit auf die Erde herabsank, schimmerte von fern her ein schwaches Licht, welches immer stärker anschwoll. Über Franks Haus schwebte in dieser Nacht ein hell leuchtender Ballon, von oben fiel eine Strickleiter herab, direkt vor das halb geöffnete Fenster des Kinderzimmers. In dieser Nacht verschwand für immer Ted. Und auf einem Zettel, der auf Pauls Nachtschränkchen lag - da konnte man etwas von Liebe und Freundschaft lesen. Darunter aber stand in großen Lettern:
„Frei sein. Er möchte frei sein!"

Jürgen Völkert-Marten

Das Einfache ist kompliziert

Das Einfache ist kompliziert,
das Komplizierte ist einfach:
mit diesem Widerspruch leben wir,
doch -
laß uns unsere Träume leben,
rücksichtslos,
laß uns nach vorn träumen,
auch wenn wir vielleicht
nie dort ankommen.
Laß uns die Fäden,
an denen unser Leben hängt,
für die uns mögliche Zeit
zusammenknüpfen, so werden
sie um das Doppelte stärker.

Eine Art Glücksgefühl

In dörflicher Idylle
über Herbstlaub schreiten
und den Frieden spüren,
den man glaubt festhalten
zu können wie eine Fliege
in geschlossener Faust.
Den Frieden zu schaffen
jedoch bedarf
es keiner Fäuste.

Willi Volka

Fensterandacht

Morgen,
ach, du lichter,
du wärmst
und prallst
an meine Seele,
weckst den Geist
noch schlaftrunken
ins Sein -

Morgen,
du heller,
schenke mir früh
im Jetzt
deinen Hauch,
schütte dich über
mein Verlorensein,
verbrenne
die finsteren Träume
zu wachem,
aktiven Sein.

Brigitta Weiss

Wir brauchen Dichter

Wir brauchen Dichter,
die die tauben Tage
hellhörig machen,
die ein Lachen
ausgießen in
verstummte Stunden,
die offne Wunden
mit Balsamworten netzen,
die sich widersetzen,
wo Unrecht an
den Schwachen klebt,
wo Rohheit lebt,
als habe sie
ein Recht zu walten,
und die den Alten
Mut machen,
auch das Ende
anzupacken,
bevor sie dort,
wo Wurzelwerk sie ruft,
nach langem Bangen
ungehört versacken.

Wir brauchen Ohren,
die den Dichter tragen,
die sich versagen
dem Marktgeschrei,
dem lauten, hohlen,
den Feindparolen,
denn Wahrheit, die
kommt stets
auf leisen Sohlen,

jedoch ihr Echo
stürzt die Berge ein,
wie Sonnenschein
plötzlich die Welt
erleuchtet und verklärt,
gebärt
ein Wort,
das standhält
allen Lügen,
sich neue Worte;
es ist,
als trügen sie
die fernsten Orte
zu dir heran.
Ihr Zauberbann
verbrüdert Feindland,
straft die Hetzer,
straft die Wortverdreher
Lügen,
aus vollen Krügen
stillen sie den Durst
aus kargen Tagen:

Nur darf sich nie-
niemals das DU
dem DU
versagen.

Was letztlich zählt

Es zählen letztlich nicht die Jahre,
auch nicht die Falten im Gesicht,
nicht das Make-up und nicht die Haare,
weder das Kleid, noch das Gewicht.

Es zählt, ob wir das Leben lieben,
trotz Langeweile und Verdruß,
ob wir uns letztlich treu geblieben
von Jugend an bis ganz zum Schluß.

Es zählt, was anderen wir waren,
was wir verschenkten, ungereut,
ob wir in Ängsten und Gefahren
uns vor der Wahrheit nicht gescheut.

Es zählen leise Mußestunden,
ein wunderbarer Augenblick,
es zählt, ob du dich selbst gefunden
und dankbar annimmst dein Geschick.

Waltraud Weiß

Der Fluß Ohnmacht   *)

Er fließt und fließt, nichts
nichts hält ihn auf,
nicht Schmelze und nicht Trockenheit.
Er fließt beständig, träge
unverändert treibt er dahin, da
wellgewogt-strudelgeübt.
Wo ist der Quell, wo das Ziel, das
Ohnmacht heißt und ohn' Macht ist, wo
wo Ufer und wo Brücken?
Wo steht ein Kirchturm, wo
wo spielen Kinder und wo ist
ein Platz wohin zum Träumen?

Laßt uns eine Brücke bauen *über*
über den Fluß, der Ohnmacht heißt.
Laßt uns **verbinden** Platz und Dorf verbinden
Menschenallerlei *und* Frau und Mann
in Farbe, Glauben, Politik
zwischen Mut und Resignation,
zwischen Wort und Tun
den Baumeister beauftragen,
Verstrebungen und Tore,
Schwingungen und Statik meisterlich
von Starrheit zu befreien.

Laßt uns eine Brücke bauen über
über den Fluß, der Ohnmacht heißt.
Die Not wendet sich ohne Macht los
und reicht den Friedensengeln Ufer -
Uferhände ausgebreitet zur Begegnung.
Die Brücke hält was sie aushielt wie
in Zeiten brüchiger Ruinen,
die vasengleich die Blumen wässern
aus Kanonen und Geschossen.
Nicht Streber sind es, die statisch aus
sehen und halten, sondern Gegensatz und Akzeptanz wie Tänze
der Gedanken: Die Tat
baut uns eine Brücke über
über den Fluß, der nun anders klingt:

Wir haben ihn um gebracht seinen Namen
ohn' Macht ohne Zorn ohne Schwäche, ohne Ein
Fluß der Ohnmachtsquellen und
nannten ihn, wie er fließt Voll-
Dampf! Die Brücke nennt sich einfach:
Trägerin! Sie hält, was sie ist.

*) siehe Antwort: Brücken-Schlag von Hella Schneider

Ich hatte einen Stein für dich

(Else Lasker-Schüler gewidmet;
Ölberg Jerusalem)

Unter tausend Gräbern suchte
ich dich
mit deinem Blick
auf die heilige Stadt gerichtet -
Auferstehung - Aufrechtstehen
sollst du damit
ich dich finde -
beim Namen gerufen:
Else Lasker-Schüler, Sehnsuchts-
blume wächst blau über Steine
und Ölbaumgrund -
die Erde faßt fest umschlungen
deinen Leib und dessen Träne,
der hier seinen Vater rief.
Ich rufe dich, habe
einen Stein als Gruß
von der Wupper zum Jordan!
Und wenn ich dich gefunden habe
lesen wir Sehnsuchtsballaden
und - lachen
über uns!

Unser Erbe

Spuren hinterlassen
für die, die nach uns kommen,
Hoffnung machen,
auf die gebaut werden kann,
Wegweiser aufstellen,
denen wir getrost folgen können,
Schirme ausbreiten,
die Schutz geben,
Bäume pflanzen,
die mit uns wachsen,
Kinder lieben,
was uns selbst beglückt,
Worte setzen
wie Bausteine,
Träume weben und leben,
Glauben machen,
konsequent sein,
teilen, was teilbar ist
und messen nach Überlängen.
Wachsen und wachsen lassen,
springen und springen,
anderssein lassen
und sich selbst treu.
Kritik - nach Maß -
und das Maß maßvoll,
Liebe jedoch maßlos,
weil klein macht,
was klein ist.

Mensch, hinterlasse Spuren
und deutliche Fußstapfen,
taufe Wurzelwesen
und belichte das Dunkle.

Puste Blumen des Friedens
von deinem Platz.
Denn jede Tat ist
UNSER Erbe!

Wo stehe ich?

mittendrin
von allen zu sehen
anzusprechen (anzumachen)
wie eine Säule
oder
wie ein Fragment
wie eine Ruine sicher
nicht
wo stehe ich
Mittelpunkt oder
im irgendwo im Aus
im Abseits sicher
nicht
wo stehe ich
Fundstelle, Nahtstelle
mit Wegweiser oder
ohne Zielrichtung sicher
nicht
wo stehe ich
Platz der guten Hoffnung
Botschaftsstele
Kreuzstelle festgenagelt sicher
nicht
wo stehe ich

oben oder unten
und ist oben oben
und unten sicher
nicht Flugasche aber
Wurzelerde sattelfester Sitz
und der Olymp ist ein Korn
Feld mit Verbotsschildern für Liebende
wo stehe ich
und stehe ich dort gut
im Blickfang gemeißelt-gegeißelt
frei in Freiheit
oder unbeweglich statuenhaft
Totem für Giftpfeile
oder Aushängeschild mit Budenzauber
nur für Imbißgewohnte-Schnellbeißer
wo stehe ich
hier -
und hier und
weit weg und nah dort
Haltestelle, Zapfanlage
faßbar, greifbar, angreifbar
bis ich begreife
daß Grauzellen noch Fühlung
und Reflexe noch Kühlung
dem bewegten Weib geben.

„Verzeih Adam!"
(nach dem Titel von Karin Grott)

Im Juni 1995 erhielt ich - eigentlich überraschenderweise - auch eine Einladung zum „Internationalen Weltkongreß der Frauen" nach Kopenhagen. Es war, wie ich hörte, eine Vorbereitung auf den „Weltfrauentag in Peking". Und wer, wenn nicht frau, gehört dahin, gehört an diesen Platz, jede für sich, damit endlich etwas geschieht, damit wir endlich weltweit als „MENSCH" anerkannt werden, gesetzlich, sozial, human und emanzipiert, d.h. „gleich-gültig".
Kurze Überlegungen: Wie finanziere ich das? Und: Was tue ich als Autorin dort?
Das Konto wird - wie immer - (darin habe ich Übung und Naturell) überzogen.
Was ich als Autorin dort tue, wird sich zeigen! Und so war es auch...
Eines der Themen war, daß Frauen ihr Recht auf die Geburt eines Kindes abgeben wollten! Sie wollten eigentlich etwas anderes, nämlich dem Mann klarmachen, wie es ist, ein Kind zu empfangen - so leicht empfangen zu können -, ein Kind zu gebären - so schwer zu gebären - ein Kind aufzuziehen, solange bis ein Vater damit etwas anfangen kann! Alle Frauen schrieen: „Ja, sollen sie es einmal am eigenen Leibe erfahren!" Was sie sich davon versprachen, wurde lang und breit und lautstark diskutiert. Ich wurde immer stiller. Immer öfter lief mir eine Gänsehaut über den Rücken! Ich bekam Angst, Angst vor Frauen! Angst vor meinesgleichen! Ich wagte es nicht, dagegen anzugehen. Lange dachte ich darüber nach. Oft fragte ich mich: Sind sie so dumm - oder bin ich es?
Ich war schon wieder zu Hause und immer noch ging ich „schwanger" mit dem Wunsch der Frauen. Ich sah ihre Euphorie, sah fast realistisch werden, daß Männer strahlend und selbstbewußt ihre dicken Bäuche zeigten. Sie spielten das Spiel „Frau" und baten verlegen und demütig um Hilfe für ihr neues Dasein, in das sie so plötzlich und unvorbereitet hineingeraten sind, dank irgendeines Genprofessors. Ich sah Frauen vor Glück weinen...
... und da platzte mir der Kragen, mir der Frau, die gelernt hat zu begreifen, zu wissen und ihr Wissen einzusetzen gegen verdummte und nichtbegriffene Feldzüge zwischen Mann und Frau.
Wenn der Mann Frau werden will, so braucht er keine Genveränderung des Körpers, sondern des Geistes. Wenn der Mann Kinder haben will, so muß er sie nur „NUR" lieben lernen - wollen!
Wenn die Frau glaubt, daß ein Mann mehr versteht, wenn er Zeugung und Ge-

burt weiblich erlebt, so irrt sie. Begreifen muß er es! Und das läßt sich auch gen-technisch nicht einleiten.

Und - DAS SOLL ES AUCH NICHT, denn ... Alle Männer mögen mir verzeihen, besonders die, die klug sind:

Der patriarchalische Mann mit matriarchalischer Sehnsucht ist eine Gefahr! Dem schwulen und dem zölibatären Mann fehlt nur noch - das Kinderkriegen-kön-nen, um OHNE Frau sein Leben zu leben!

Ich - als Frau - möchte weder in einer Welt von Frauen, aber erst recht nicht in einer Welt von Männern leben! Und Frauen, die dem Mann das Recht auf die Geburt eines Kindes einräumen, zerstören das Gleichgewicht unserer Welt in der falschen Hoffnung auf Gleichberechtigung.

Nicht mit mir! Das brauchen wir NICHT!

Anneruth Wenzel

Begegnungen mit netten Menschen

Man sagt ja, das Glück des Lebens liegt nicht darin, daß Wunschträume in Erfül-lung gehen. Vielmehr gehört zu einem glücklichen Leben die Fähigkeit, sich über die sogenannten kleinen Dinge des Lebens zu freuen. So ist es für mich jedesmal ein kleines Fest mitten im Alltag, wenn ich in den Zeitschriftenladen um die Ecke gehe. Zu einer Zeit, in der die Lebensmittelläden immer größer werden, die Schlangen an den Kassen immer länger und die Begegnung von Mensch zu Mensch immer unmöglicher, genieße ich es, in diesen kleinen Laden zu gehen. Ich weiß, der Verkäufer hat immer ein gutes Wort, einen Witz oder manchmal sogar ein kleines Geschenk für mich bereit. Schon vor dem Betreten des Ladens frage ich mich, was er heute wieder „auf Lager" hat - aber es ist und bleibt jedesmal eine Überraschung. Am schönsten ist es, wenn ich nicht bekommen kann, was ich haben möchte. So habe ich nach Fahrkarten gefragt, die leider nicht da waren. Beim ersten Mal erhielt ich als Trostpflaster ein Papierblümchen und beim zweiten Mal ein Bonbon. Auch wenn das nur kleine Dinge waren, so habe ich mich doch jedesmal riesig gefreut - einfach, weil es so unerwartet kam. Da ist endlich einmal jemand, der aussteigt aus diesem Kreisen um Konsum, um Kaufen und Verkaufen und dem es leid tut, wenn er dem Kunden das Gewünschte nicht verkaufen kann.

Ich wünschte, es gäbe viele solcher kleinen Geschäfte mit Verkäufern, die einen aufmuntern und so eine Oase sind inmitten seelenloser Discountmärkten und Einkaufszentren, denn: der Einkaufswagen kann noch so sehr gefüllt sein, ich freue mich mehr über eine persönliche Begegnung von Mensch zu Mensch als über alle Konsumartikel!

Kay West

Im Traum

Manchmal, im Traum
Sitz ich in meiner Tonne
Und fühle mich ganz verwegen

An das Dach aus Holz
Und geschmiedeten Bändern
Klopft nur der Regen

Lenz liegt in der Luft
Es ist mir so wohl
Ich quietsche vor Wonne

Peter Würl

Zur Freude

In geschenkten Stunden
hole ich Atem an den Wurzeln
des Seins
um auf dem fliegenden Teppich
der Phantasie
die Verbindung zwischen
den Horizonten zu finden
Alles fließt und ich landstreichere
durch die Sonnentage der Seele
aus dem Glauben an das Heute
dem Wissen um die unendliche Güte
des Kosmos
erwächst mir der Mut zum Jetzt
ich nehme das Lächeln der Zeit wahr
und strecke meine Hände
    dem Tag entgegen.

An den Tag

Du neuer Tag
ich freue mich auf dich
auf das Erröten deines Morgens
wenn ihm die Sonne die Tautränen aus dem Gesicht wischt
auf das Lächeln der Bäckersfrau
täglich frisch wie ihre Brötchen
auf die Blüten deines Trostes
die in den Vormittag fallen und meine Trauer trocknen
auf dein Murmeln im Blätterrauschen
wenn die Zeit welkt im Schoß der Zweige
ich freue mich auf das was dich ausmacht
das Eigentliche
auf das Zarte
das Seltsame
das Feingegliederte
das Unregelmäßige
das Traurige
auf das Wachsen und das Vergehen
auf das was meine Hand berührt und meinen Arm bewegt
auf das Versteckspiel mit der Erinnerung
auf die Stunden die ich aus der Hand gebe
auf der Schwelle
vor dem Einträumen
in den langen schwarzen Mantel
einer neuen Nacht.

Christiane Zaininger

Eisblaue Wahrheiten

Feine Wassertropfen wehen
wie Sprühregen und
ein eisblaues Flimmern
von Wahrheiten
tritt über die Ufer
und enthüllt
was wir brauchen
und was nicht

Und nehmen wir sie an
wird aus unserer
Angst und Enge
Offenheit und Weite

Ich mache weiter...

Vorankündigung

Herbst 1997

„Stadt, Stätte, Denk-mal"

Eindrücke und Hinterlassenschaften, die in uns wirken und deren Wirkung wir in Wort und Bild schöpferisch verpacken, liebevoll weitergeben und lebendig werden lassen. Wir wollen ein „Denk-mal" setzen für uns, für alle nach uns, weil Denkmäler geschützt werden und weil Schutzgeben mit Liebe zu tun hat und den Menschen auszeichnet, der nicht nur sinnvoll denkt und lebt, sondern auch sinnlich. Wir beantworten die Frage: Können unsere Kinder damit leben, was wir ihnen hinterlassen?

Bedingungen: Prosa, Lyrik und Bild bis zu 5 Seiten.
Einsendeschluß: April 1997. Keine Druckkostenzuschüsse. Autorenrabatt bei Erstbestellung, Freiexemplar, Einladung zur Präsentation (Drink und Häppchen) sowie Informationen über Rezensionen etc.

Die Herausgeberin hat für das

Jahr 1998

Pläne, die zwar auch eine Anthologie betreffen, jedoch nur 4 Autorinnen/Autoren beinhalten soll, damit jede Autorin/jeder Autor sich mit einem größeren Anteil an Texten vorstellen kann. Diese Anthologie soll „Quartett" heißen. Näheres darüber ist beim Verlag zu erfahren (aber erst ab Ende 1997).

Die Frau

"60 Versuche des Mensch-Mannes und der Menschin Frau sich zu nähern - in Wort und Bild", so die Erklärung der Herausgeberin selbst zu ihrer Anthologie *Die Frau*. Ja, Versuche werden und können es wohl auch nur bleiben, der Start aber zählt. Waltraud Weiß hat ihn vollzogen. Sie hat nicht nur die verschiedensten Prosa- und Lyrikbeiträge, die sich mit dem Thema Frauendasein und Brückenschlagen zum anderen Geschlecht auseinandersetzen, zusammengesammelt, sie hat mit Bedacht zusammengestellt. Sie hat Winkel und Ecken beleuchtet, einen Teppich ausgerollt, in dem Garne verwebt wurden vom tiefsten Schwarz bis zum lichtesten Gelb. Feine Fäden, zerbrechliche, starke, nachgebende, starre und viele, viele mehr. So entstand eine Anthologie, die aus manch einer von mir zuvor gelesenen angenehm herausragt. Das Angebot ist reich, informativ, verschieden gestaltet und, aus meiner Sicht, oft auch literarisch sehr gelungen.

Bei einigen Texten allerdings hätte ich mir den streichenden Stift gewünscht. Gewünscht, daß der Phantasie des Lesers mehr zugetraut worden wäre. Auch unnötige Platitüden hätten vermieden werden können und sollen, wie z.B. "... Sie fühlen nicht nur, wie der warme, leichte Sommerwind sie streichelt" - oder das Umkreisen zweier Probleme in einem einzigen Kurzprosatext. Dagegen stehen jedoch Sprachschönheiten wie: "... Ich schichte / Sonnenstrahlen auf, / um mich zu wärmen, / steige um / in eine neue / Wirklichkeit ..." Und davon gibt es noch einiges.

Die meisten Texte las ich mit großem Interesse und war immer wieder erstaunt, wieviel Unbekanntes sich da aufblätterte. Ganz besonders tief haben mich in ihrer Ausführung zwei Einlassungen beeindruckt: "Kinder der Gewalt" (Prosa) von Jutta Schwarz und das Gedicht "Du hast uns verlassen" von

Rezensionen
Impressum 2/96

der Herausgeberin selbst. Dies eine rein subjektive Empfindung, wie könnte es anders sein.

Die Illustrationen, oftmals sehr sprechend, werten das Buch zusätzlich auf. Beachtenswert ist ebenfalls, daß die Anthologie nicht nur deutsche SchriftstellerInnen aufweist. Für mich war das Lesen dieses Bandes ein Gewinn.

Helgard von Spiegel

Waltraud Weiß (Hrsg.): Die Frau
Anthologie
wort und mensch Verlag * Waltraud Weiß
Ingendorfer Weg 71 * 50829 Köln
191 Seiten * DM 25,--

Die Frau - das unbekannte Wesen?

Bereits zum zweiten Mal präsentiert sich der "wort & mensch"-Verlag mit einer Lesung in Leverkusen

Die nunmehr 4. Anthologie gab 60 Autorinnen und 6 Malerinnen die Gelegenheit, in Wort und Bild ein klischeefreies Frauen-Zeit-Portrait zu skizzieren. Die Texte zeichnen Frauenbilder verschiedenster Couleur - von der sozial Verarmten bis zur Prinzessin, von der Vergewaltigten bis zur Autofahrerin. Beinhaltet das Frauenbild der männlichen Menschen die Sehnsucht und das Sinngebende? Die Frau zeichnet ein Bild, das die weite Züge zu anderen nimmt. Sie sieht und beobachtet. Sie ist Engel und Verführerin, Magierin und Kneipengängerin.

„Was mich dieses Buch lehrt", so Verlagsgründerin Waltraud Weiß, „ist, daß der weibliche und männliche Mensch, falls er kreativ ...und nachdenklich ist, sich fremd bleiben. Was nicht ohne Reiz ist." Der Versuch einer Annäherung sei jedoch nicht gescheitert, denn lernen könnten Mann und Frau immer voneinander. Die Leverkusenerin Waltraud Weiß gründete den „wort & mensch"-Verlag vor drei Jahren. Wie schon mit der 1. Anthologie „Weibsbilder...und was sie zu sagen haben" findet auch in „die Frau" der Versuch einer Annäherung zwischen den beiden Geschlechtern statt.

Neun Mitautorinnen und Malerinnen kommen aus Leverkusen und werden Kostproben aus dem Buch lesen.　-pr

Lesung „Die Frau"
10. November um 19 Uhr
Pfarramt St. Antonius,
Lev.-Wiesdorf

"Lev. Life" 11/95

EIN ZEITBILD DER FRAU

So viele Komplimente an einem einzigen Abend wird die Kölner Verlegerin und Autorin Waltraud Weiß wohl selten erlebt haben. Doch als sie ihre neue, ihre fünfte Anthologie im Kölner Frauencenter George Sand vorstellte, waren sich alle einig: Der 192-Seiten-Band ist ein wunderschönes Buch geworden. Die Herausgeberin kann sich mit vollem Recht als "Istin" (Zusammenziehung von „ist in") bezeichnen.

Nicht weniger als 75 Gäste hatten sich in dem Lokal eingefunden, darunter 25 der insgesamt 60 Autorinnen und Autoren, hatten sich in dem Kölner Café-Restaurant eingefunden, um die Geburt der „Frau" zu feiern. Nach der Begrüßung durch die Leiterin des Frauencenters, M. A. Braungart, und Waltraud Weiß wurden vier Beiträge der Anthologie vorgetragen, ehe es zum gemütlichen Plausch ging.

Der Band enthält erzählerische und lyrische Beiträge ebenso wie Essays. Der weitgespannte Bogen reicht thematisch von der Mutterschaft bis zu Berufsproblemen, vom Erwachsenwerden bis zur Erotik, und immer spürt man die Ehrlichkeit der Empfindungen, mit denen das Bild der heutigen, der modernen Frau beschrieben wird. So sind denn auch die ersten Rezensionen durchweg positiv. Der „Kölner Wochenspiegel" zitiert die Verlegerin: „Waltraud Weiß erhofft sich, daß durch das Buch Mann und Frau voneinander lernen und daß erkannt wird, daß „Sie" nicht nur ein Sexsymbol ist."

Die einzelnen Beiträge der Anthologie wurden von einer Jury aus Hunderten von Einsendungen ausgewählt. Unter den 60 Autorinnen und Autoren ist auch eine ganze Reihe von IGdA-Mitgliedern, die zudem zwei Illustrationen beisteuerte, Hans-Jürgen Hilbig, Martin Kirchhoff, Horst Joseph Kleinmann, Monika Laakes, Brigitta Weiß, Waltraud Weiß und Peter Würl.

Horst Joseph Kleinmann

(bo). Gute Oma und Mutter, Angebetete, Prostituierte oder Urfrau Eva - so sieht häufig das Frauenbild des Mannes aus. Doch die Frau beobachtet, beobachtet, zieht Schlüsse und beschließt selbst zu leben. Sie ist emanzipiert und weiß was sie will.

Dieses ganz andere Frauenbild ohne Klischee beschreibt das Buch **„Die Frau"**, herausgegeben von Waltraud Weiß (Foto), welches sie jetzt während einer Lesung im **Frauencenter George Sand** der Öffentlichkeit vorstellte. 60 Autorinnen und 6 Maler skizzieren in Wort und Bild ein Frauen-Zeit-Bild.

Waltraud Weiß erhofft sich, daß durch das Buch Mann und Frau voneinander lernen und daß erkannt wird, daß „Sie" nicht nur ein Sexsymbol ist. Das Buch ist im Handel erhältlich.

(Foto:Oehmen)

Malerinnen-Inhaltsverzeichnis